C.H.BECK WISSEN

in der Beck'schen Reihe

Dieses Buch spannt einen weiten Bogen von der Aufklärung bis zur Gegenwart, erläutert das Verhältnis der Rhetorik zur Philosophie und Literaturwissenschaft, zur Kunst und Politik. Dabei entsteht eine spannende Verfallsgeschichte, in der sich die größten Gegner der Rhetorik oft als ihre größten Meister erweisen, so daß sich im 20. Jahrhundert zahlreiche Anknüpfungspunkte für neue Rhetorikentwürfe finden.

Gert Ueding ist Professor für Allgemeine Rhetorik an der Universität Tübingen und trat mit zahlreichen Veröffentlichungen zu Theorie und Geschichte der Rhetorik hervor. Ueding ist Herausgeber des auf acht Bände angelegten Kompendiums *Historisches Wörterbuch der Rhetorik*. In der Reihe C.H. Beck Wissen ist von ihm erschienen: *Klassische Rhetorik* (^{3}2000).

Gert Ueding

MODERNE RHETORIK

Von der Aufklärung bis zur Gegenwart

Verlag C. H. Beck

Peter Weit gewidmet

Die Deutsche Bibliothek – CIP-Einheitsaufnahme

Ueding, Gert:
Moderne Rhetorik : Von der Aufklärung bis zur Gegenwart / Gert Ueding. – Orig.-Ausg. – München : Beck, 2000
(C. H. Beck Wissen in der Beck'schen Reihe ; 2134)
ISBN 3 406 44734 1

Originalausgabe
ISBN 3 406 44734 1

Umschlagentwurf von Uwe Göbel, München

Druck und Bindung: C. H. Beck'sche Buchdruckerei, Nördlingen
Printed in Germany

Inhalt

Anstatt einer Einleitung: Was ist Rhetorik?

In der modernen berufsbürgerlichen Gesellschaft sind Diskussion, Debatte, Gespräch die wichtigsten Instrumente und Medien zugleich, unvereinbare Standpunkte zu vermitteln, kontroverse Fragen zu klären und im Streit der Meinungen dennoch Entscheidungen herbeizuführen. Diese rhetorischen Situationen sind zugleich die historische Voraussetzung von Rhetorik überhaupt: sie steht seit ihren Anfängen mit dem sozialen Leben in unmittelbarem Austausch, ist dessen direkter Ausdruck und zugleich die Lehre (*doctrina*), wie man sich im sozialen Leben zu verhalten hat, wenn man erfolgreich sein und sein Recht bekommen will.

Zunächst muß man wissen: Die Rhetorik ist eine Erfahrungswissenschaft, denn, so erläuterte Aristoteles, „man kann die Ursache untersuchen, weshalb die einen Erfolg erzielen aufgrund der Gewohnheit, die andern durch Zufall; alle möchten aber wohl zugeben, daß etwas Derartiges bereits Aufgabe einer Theorie ist" (*Rhetorik* I,1,2 1354a). Sie bedient sich dabei auch der Einsichten und Ergebnisse der Sprecherziehung und Sprechwissenschaft, die traditionell einen Teil der Rhetorik und der rhetorischen Erziehung darstellen und die mündliche Realisierung der Rede durch Sprechen sowie ihre mimische und gestische Darstellung zum Gegenstand haben. Auch Schreibübungen gehören von Anfang an in dieses Programm. Von ihren Voraussetzungen her gesehen, ist die rhetorische Erziehung ein Produkt der griechischen Überzeugung, daß Kunst und Tugend lehrbar seien, und richtet sich an den ganzen Menschen, an seine intellektuelle, emotionale und ethische Natur. Ihre theoretischen Voraussetzungen fußen auf der anthropologischen Annahme von der Redefähigkeit als einer allgemein menschlichen Naturanlage (*natura*). Kunst und Wissen (*ars, doctrina*) müssen notwendig hinzukommen, damit durch Erfahrung und Übung (*exercitatio*) die natürliche Rede- und Kommunikationsfähigkeit vervollkommnet werden kann. Das regulative Ideal der rhetorischen

Ausbildung ist nach Cato ausdrücklich der „vir bonus dicendi peritus", ein Ehrenmann, der die Kunst der Rede beherrscht, und seine Erziehung bedeutet daher auch Charakterbildung, die schon früh in der Kindheit ansetzen muß.

Drei Redegattungen haben die antiken Rhetoriker unterschieden: die Gerichtsrede (*genus iudiciale*), die politische Rede (*genus deliberativum*) und die Fest- oder Prunkrede (*genus demonstrativum*). Jede Rede ist entscheidungs- und handlungsbezogen; ob der Gegenstand zweifelhaft ist, weil eine Tat in der Vergangenheit ungeklärt blieb, oder ob man deshalb nicht sicher sein kann, weil erst die Zukunft das Richtige oder Falsche erweisen wird: jedesmal bemüht sich der Redner, im Sinne seiner eingestandenermaßen parteilichen Einsicht, den Streitfall zur Entscheidung zu bringen. Das gilt, wenn auch abgeschwächt, selbst für die dritte Redegattung, die als Lob- oder Tadelrede sich zwar auf einen allgemeinen Konsens oder Dissens bezieht, aber ebenfalls verstärkend, abschwächend und relativierend wirken kann, so daß sich das Publikum zur Einstellungsveränderung oder zur Bestätigung seiner Meinung geführt sieht. Auch zur ästhetischen Beurteilung der rhetorischen Demonstration selber kann sich der Adressat der Festrede aufgerufen fühlen, so daß seine Entscheidung jetzt über die Kunstfertigkeit des Redners ergeht. Unter dem Einfluß des Christentums entstand als vierte Hauptgattung die geistliche Rede oder Predigt (*genus praedicandi*), die die christliche Botschaft an Gläubige und Ungläubige zu verkündigen und sich mit dem Glaubenszweifel auseinanderzusetzen hatte. Wie bei dieser Einteilung ganz aristotelisch der Zuhörer richtunggebend ist, der sich betrachtend oder beurteilend verhält, so auch bei einer zweiten Gliederung der Redegegenstände, die den Grad angibt, in dem ein Thema oder Problem vom Adressaten akzeptiert wird.

Das *System der Rhetorik* insgesamt ist in allen wesentlichen Zügen bereits in der Antike besonders von Aristoteles, Cicero und Quintilian entwickelt worden und in dieser Form bis heute mehr oder weniger bewußt Grundlage der Allgemeinen und Angewandten Rhetorik. Die *Produktionsstadien* der Rede bilden das wichtigste Einteilungsprinzip. Am Anfang steht die Erkenntnis des Themas. Aus der Fülle der Ereignisse und Situationen (*materia*) muß zunächst die Hypothese gewonnen werden, die den Einzelfall konturiert (z.B. einen Grundwiderspruch), sodann muß der Redner den einzelnen Streitstand (*status*) ermitteln, den strittigen Punkt und seine Zugehörigkeit zu den Redegattungen (also etwa der politischen und der forensischen Rede) oder, im Falle der Gerichtsrede, seine Zuordnung zu juristischen Tatbeständen (*Statuslehre*). Der Arbeitsprozeß selber umfaßt erstens das Auffinden aller zur wirkungsvollen Behandlung des Gegenstandes nötigen Argumente und Materialien (*inventio*), wobei der Autor deren Stichhaltigkeit und jeweilige Tauglichkeit für die verschiedenen Redeteile schon jetzt überprüft. Zur möglichst vollständigen Erforschung und Sammlung der im Einzelfall gewünschten Beweismittel steht dem Redner ein eigenes System von Suchkategorien, die *Topik*, zur Verfügung, die personen- oder problembezogen alle möglichen Fundorte für Argumente, Belege oder Beweise erschließt. Rhetorische Argumentationskunst erwächst aus der Topik, in welcher der soziale Konsens oder der Konsens einzelner sozialer Gruppen sich in Denk-, Wahrnehmungs- und Handlungsmustern sedimentiert hat und einen verfügbaren Fundus von Meinungswissen (*endoxa*) darstellt. Dieser „ganze topische Bereich von Leben und Sitte [muß] vom Redner gründlich studiert werden.“(Cicero, *Über den Redner*, I, 69)

Das zweite Arbeitsstadium regelt nach bestimmten Mustern die Gliederung des Stoffes und der Argumente (*dispositio*) unter den leitenden Aspekten der Sachangemessenheit, der Überzeugung des Adressaten und der Redeteile. Die Rhetorik hat verschiedene Dispositionsmöglichkeiten entwickelt, die von der zweigliedrigen, antithetischen Ordnung bis zu vielgliedriger Aneinanderreihung reichen, wobei die dreigliedrige und die fünfgliedrige Disposition (welch letztere auch der Disposition des klassischen Dramas in fünf Akten zugrunde liegt) besondere Bedeutung erlangten.

Das dritte Arbeitsstadium umfaßt die sprachlich-stilistische

Produktion der Rede gemäß der Theorie des rednerischen Ausdrucks (*elocutio*), die das differenzierteste Teilgebiet der Rhetorik ausmacht. Es umfaßt die *Figuren* und *Tropen* sowie den Wortgebrauch und die Satzfügung, soweit diese nicht grammatischen, sondern stilistisch-rhetorischen Zwecken dienen. Sprachrichtigkeit (*puritas*), Deutlichkeit (*perspicuitas*), Angemessenheit an Inhalt und Zweck der Rede (*aptum, decorum*), Redeschmuck (*ornatus*) und Vermeidung alles Überflüssigen (*brevitas*) sind die obersten Stilqualitäten. Um allen Wirkungsintentionen zu entsprechen, hat die Rhetorik zum Teil sehr komplizierte *Stillehren* entwickelt, ihrer Überzeugung gemäß, daß allein die Fähigkeit, fehlerfrei und deutlich zu reden und zu schreiben, noch nicht die eigentliche und wirkungsvollste Kunst des sprachlichen Ausdrucks ausmacht. Beweisen allein genügt in den seltensten Fällen, den Adressaten zu überzeugen, und in allen Bereichen des öffentlichen Lebens, in Politik und Kultur, kann immer nur ein Konsens über das Wahrscheinliche erreicht, nie eine Wahrheit ermittelt werden. Die Rhetorik lehrt also nicht primär die Kunst des spezialistischen Ausdrucks und einer Schreibweise, die sich allein an ein wissenschaftlich gebildetes Publikum wendet. Der Normalfall ist das Laienpublikum, das zwar auch nicht ungebildet ist, dem aber auf jeden Fall die genaueren Fachkenntnisse fehlen. Die Ausgangslage des antiken Redners unterscheidet sich – zumindestens in diesem Punkt – nicht wesentlich von den Grundbedingungen, die ein Journalist in den modernen Massenmedien, ein Autor von Sachbüchern, aber auch ein Politiker oder ein Lehrer in der Erwachsenenbildung vorfindet. Die Aufgabe besteht jedesmal darin, besondere Fachkenntnisse aus den verschiedensten Gebieten oder auch ein spezielles Erfahrungswissen in einer sprachlichen Form mitzuteilen, die sowohl sachangemessen als auch allgemeinverständlich und gegebenenfalls unterhaltsam und wirkungsvoll ist. Es geht dabei nicht um eine Popularisierung im landläufigen Sinne des Wortes, durch die der Gegenstand zwar vereinfacht, aber ebenso trivialisiert wird, so daß er nicht mehr in sachangemessener Weise zum Ausdruck kommt.

Vielmehr fällt der Sprache hier die Aufgabe zu, auch schwierige Tatbestände derart einleuchtend zu formulieren, daß sie sogar an ein ganz unterschiedlich zusammengesetztes Publikum mit uneinheitlichen Voraussetzungen vermittelt werden können.

Im vierten Stadium konzentriert sich der Redner auf das Einprägen der Rede ins Gedächtnis (*memoria*) mittels mnemotechnischer Regeln und bildlicher Vorstellungshilfen. Im abendländischen Bildungssystem spielte die *memoria* bis in die Neuzeit eine wichtige Rolle und galt vielfach als die Voraussetzung fürs Studium. Bis in Emblematik und Moritatentafeln, in Werbespruch und Werbeplakat hinein reichen die Derivate der rhetorischen Memorierkunst, deren Funktion heute in der Regel durch technische Medien übernommen wird.

Womit wir das fünfte und letzte Produktionsstadium erreicht haben. Es besteht in der Verwirklichung der Rede durch Vortrag (*pronuntiatio*), Mimik, Gestik und sogar Handlungen (*actio*). Diesen Anforderungen entsprechend entwickelte die Rhetorik eine ausgefeilte Sprechtechnik und die körperliche Beredsamkeit. „Der äußere Vortrag, sage ich, hat in der Beredsamkeit die größte Macht, ohne ihn kann der größte Redner in keinen Betracht kommen, mit ihm ausgerüstet der mittelmäßige oft über den größten siegen."(Cicero, *Über den Redner*, III, 213) In neuerer Zeit hat sich mit der „Rhetorik der Präsentation" eine Spielart der *actio* herausgebildet, deren besondere Aufgabe die wirkungsbezogene Vorführung von Gegenständen und die Gestaltung des gesamten Ambientes der Rede ist. In Dekoration, Design und moderner Verkaufsrhetorik hat die Rhetorik der Präsentation heute ihre wichtigsten Anwendungsbereiche, da es sich dabei ebenfalls um die wirkungsorientierte Vermittlung bestimmter Inhalte, z.B. von Konsumgütern, handelt und die Rhetorik dafür Techniken bereithält. In diesem letzten rhetorischen Arbeitsstadium liegt auch der Ursprungsort der Schauspieler- und Theatertheorien sowie der „gesellschaftlichen Beredsamkeit", wie A. v. Knigge seine Kunst des „Umgangs mit Menschen" nannte.

Die *Redeteile* (*partes orationis*) bilden einen zweiten Schwerpunkt systematischer rhetorischer Theoriebildung. Sie bestehen aus Einleitung (*exordium*), der Darlegung des Sachverhalts oder der Erzählung des Geschehens (*narratio*), der Argumentation und Beweisführung (*argumentatio*), schließlich dem Redeschluß (*conclusio, peroratio*). Die Kunst der Übergänge (*transgressio, transitus*) verhindert das Auseinanderfallen in selbständige Teile. Der Anfang der Rede entscheidet oft schon über den Erfolg und dient zugleich der Einführung in das Thema wie der Gewinnung des Publikums. Man unterscheidet zwischen *prooemium* und *insinuatio*, wobei das erstere die Aufmerksamkeit der Adressaten erregen, ihre Gelehrigkeit erwecken oder ihr Wohlwollen erlangen soll. In der *insinuatio* ist der Redeanfang gänzlich auf den emotionalen Erfolg beim Hörer konzentriert, wie das die Rhetoriker empfehlen, wenn der Sachverhalt für das Publikum schockierend ist. Die parteiliche Schilderung des Sachverhalts, die sogenannte *narratio* oder Erzählung, fundiert die übrige Rede und kann zum Nutzen der eigenen Sache mit Auslassungen oder Färbungen arbeiten. Schon hier wird die rhetorische Skepsis bemerkbar, die keinen einzigen allgemeingültigen Aspekt einer Sache anerkennen kann, sondern nur die polyperspektivische Annäherung an ihn. Erst die Gesamtheit der verschiedenen Ansichten vermittelt ein zureichendes Bild und vermag die Argumentation, die das Hauptziel der Erzählung ist, umfassend zu begründen. In ihr kulminiert die Rede, auf sie hin sind Redeanfang und parteiliche *narratio* angelegt, und in ihr wird die Streitfrage gemäß den eigenen Interessen formuliert. Da die *argumentatio* der wichtigste Teil in der persuasiven Rede ist, kommt der angemessenen Erörterung (*aptum*) hier die größte Bedeutung zu.

Den Anfang der Beweisführung macht oft die Aufzählung der Redeziele (*partitio*). Die Darlegung der eigenen Argumente und die Widerlegung der gegnerischen Gründe sind die beiden Richtungen der Argumentation, die sich ihre Belege von außen, durch Urkunden, Zeugenaussagen, Vorentscheidungen holt (*genus inartificiale*) oder sie auf rhetorischem Wege produziert (*genus artificiale*). Die wichtigsten rhetorischen Beweise sind die Argumente, die durch das *Enthymem*, den rhetorischen Schluß von etwas Zweifelhaftem auf etwas allgemein als gewiß Angesehenes, gewonnen werden und Ergebnis des geschickten Gebrauchs der Topik sind. Wer eine eigene Ansicht (etwa über gesunde Lebensführung) dadurch begründet, daß sie natürlich sei, bezieht ein noch unsicheres Faktum unausgesprochen auf den allgemeinen Konsens, daß natürlich zu leben auch richtig sei. Auch sinnlich wahrnehmbare Zeichen und Indizien, sogenannte *signa*, vermögen die Argumentation zu stützen, das Beispiel (*exemplum*) als eine Art induktiv aus der Empirie gewonnenes Argument hat vor allem in der Neuzeit an Bedeutung gewonnen. Eine methodisch große Rolle spielen in Argumentation und Fallerzählung gleichermaßen die Methoden der Darstellung. Während der Redner die für seinen eigenen Standpunkt sprechenden Redegegenstände durch Amplifikation vergrößert und erhöht, schwächt er die gegnerische Sache so weit wie möglich durch Verminderung ab. Im weitesten Sinne muß die Amplifikation als das elementare Verfahren der Redekunst (auch der Kunst überhaupt) aufgefaßt werden, da eine objektive Behandlung des Gegebenen unmöglich ist: stets geht die Erörterung von parteilichem Interesse aus, und das Gegebene wird gemäß diesem Interesse zugespitzt aufgefaßt und dargestellt.

Womit wir beim Ende, dem Redeschluß, angelangt sind. Er faßt die wichtigen Tatsachen und Gesichtspunkte noch einmal zusammen, um sie dem Gedächtnis des Publikums einzuprägen, und gibt darüber hinaus direkt oder indirekt meist eine Entscheidungs- oder Handlungsanweisung. Dieser Redeteil ist auch deshalb so bedeutend, weil er die letzte Gelegenheit bietet, die eigene Angelegenheit und Sicht überzeugungskräftig zu formulieren und die Adressaten auf die eigene Linie einzuschwören. Daher die oft höchst pathetischen, beschwörenden Redeausgänge, die Konzentration aller rhetorischen Mittel zum Schluß oder gar der direkte Aufruf zur Tat.

Soviel in aller Kürze und Komprimiertheit über Begriff und Systemgedanken einer wissenschaftlichen und ihrer Geschichte verpflichteten Rhetorik, deren Kontinuität in der Neuzeit allerdings nicht bloß durch Popularisierung gefährdet ist. Der Niedergang der Rhetorik als wissenschaftliche Disziplin (als Redepraxis blieb sie erhalten) ist in allen europäischen Nationalkulturen spätestens seit den 30er Jahren des 19. Jahrhunderts zu verzeichnen, zeigte aber in keiner so durchschlagende und anhaltende Wirkung wie in Deutschland, wo der Anschluß an eine seit Beginn des 20. Jahrhunderts besonders in den USA einsetzende, inzwischen lebhafte internationale Forschung erst seit etwa 1960 gelungen ist. Der wachsende Anspruch einer mündigen Gesellschaft auf Information und Durchsichtigkeit aller Entscheidungsprozesse erzeugt einen zunehmenden Bedarf an Rhetorik in sämtlichen Wissenschaften. Dabei gerät die Vielfalt der Rezeptionen schon wieder in Gefahr, unübersichtlich zu werden, und es gibt inzwischen eine kaum noch übersehbare Fülle von Einzelforschungen zur Geschichte der Rhetorik in ihrer Theorie und Praxis seit der Antike, zu ihrer grundlegenden Wirksamkeit in der gesamten europäischen Bildungs- und Wissenschaftstradition, zu ihrem Einfluß auf die Analyseverfahren der modernen Textwissenschaften, der Homiletik und Forensik und der Kommunikations- und Medienwissenschaften. Die „Ubiquität der Rhetorik" (H. G. Gadamer), ein Erbteil ihrer Geschichte, hat diese Renaissance ebenso begünstigt wie die Bedürfnisse einer sich zunehmend versprachlichenden Gesellschaft, in der Kommunikationsfähigkeit, Textproduktion und Textanalyse, die pragmatischen Aspekte der Redekunst, immer wichtiger geworden sind. Die Gründe dafür hat der Philosoph Hans Blumenberg in wenigen Sätzen genannt, aus denen ich hier einige Ausschnitte zitieren möchte: „Evidenzmangel und Handlungszwang sind die Voraussetzungen der rhetorischen Situation" (Blumenberg, *Wirklichkeiten*, 117), so faßt er unsere heutige Lage zusammen und fährt nach einigen Überlegungen fort: „Als Verhaltensmerkmal eines Wesens, das trotzdem lebt, ist sie (die Rhetorik) im Sinne des Wortes ein ‚Armutszeugnis'. Ich würde mich scheuen, sie eine ‚List der Vernunft' zu nennen; nicht nur, weil sie da in noch eine zweifelhaftere Gesellschaft kommt, sondern weil ich daran festhalten möchte, in ihr eine Gestalt von Vernünftigkeit selber zu sehen, das vernünftige Arrangement mit der Vorläufigkeit der Vernunft.“ (Blumenberg, *Wirklichkeiten*, 130)

I. Aufklärungsrhetorik

1. Kritik und Neubegründung der Rhetorik im 18. Jahrhundert

Es ist immer noch ein geläufiges Vorurteil unserer Geschichtsschreibung, die Aufklärung habe sich wie von anderen Mächten der Tradition, so auch von der Rhetorik emanzipiert. In Wahrheit liegen die Verhältnisse sehr viel weniger offen zutage, und nur der oberflächliche Blick kann zu einer derart simplen These verführen. Bevor der Begriff Aufklärung zur Epochenbezeichnung wurde, nannte man im 18. Jahrhundert eine Geisteshaltung aufgeklärt, die den Menschen als vernünftiges, mündiges, sich selbst bestimmendes Wesen in den Mittelpunkt des Denkens stellte, und nur die Sprache markiert die Grenzen für die Möglichkeiten des Gedankens – nicht die Religion, die Tradition, der Mythos. Eine solche aufgeklärte Denkweise ist prinzipiell jederzeit möglich, und einer frühen Ausprägung dieser überhistorischen Tendenz verdankt tatsächlich auch die Rhetorik ihre Entstehung im Griechenland des 5. Jahrhunderts. Im Zuge eines neuen Politikverständnisses, das methodisches Handeln im Rahmen der Polis, vernunftkontrollierte Regeln des Zusammenlebens, planvolles und pragmatisches Agieren nach innen und außen verband, geriet die Rhetorik zunehmend in die Stellung einer Haupt- und Staatswissenschaft. Für die Erneuerung ihrer prägenden Kraft waren insbesondere jene Epochen verantwortlich, die den klassischen griechischen Aufklärungsgedanken immer wieder aufgriffen, erneuerten, den Erfordernissen der historischen Entwicklung zwar anpaßten, ohne aber die methodischen Prinzipien anzutasten, also vor allem: zweite Sophistik, Renaissance und eben Aufklärung.

Es kann daher auch nicht verwundern, daß die Rhetorik zur Begriffsgeschichte von „Aufklärung" einen Beitrag geleistet hat, der für den Gebrauch des Terminus im 18. Jahrhundert und besonders für seine Bindung an das rednerisch-literarische Selbstverständnis der Epoche prägend geworden ist. *Aufklären* ist an eine deutliche, verständliche Schreib- und Redeweise gebunden, so daß sich Aufklärung mit der rhetorischen Tugend der Klarheit (*perspicuitas*) verbindet, der neben Angemessenheit (*aptum/decorum*) und Sprachrichtigkeit (*latinitas*) dritten grundlegenden Qualität rhetorischen Sprechens. Sie verlangt vom Redner und seiner Rede Transparenz und Deutlichkeit und ist in allen Produktionsstadien der Rede maßgebend, besonders freilich bei der Formulierung der Gedanken in wirksamen Worten. Das Ziel hatte schon Marcus Tullius Cicero (106–43 v. Chr.) sehr genau bestimmt, nämlich „so treffend [...] im Ausdruck und genau [zu reden], daß man nicht weiß, ob die Sache mehr durch den Vortrag oder die Worte mehr durch die Gedanken erhellt werden" (Cicero, *Über den Redner*, II, 56). Wenn die Beredsamkeit für die Aufklärer verdächtig wird, sie auf den Spuren Francis Bacons (1561–1626) oder René Descartes (1569–1650) gar als Quelle von Irrtümern und Dunkelheiten angesehen und Immanuel Kant (1724–1804) sie als schein- und lügenhaft denunzieren wird, so ist damit bei näherem Zusehen nur eine bestimmte historisch gewachsene Gestalt der Beredsamkeit gemeint, in welcher rhetorischer Schmuck und poetische Bildlichkeit dominieren.

Man kann diesen rhetorischen Paradigmenwechsel am besten als einen Wechsel des Stil-Ideals beschreiben, der aber den Rahmen der Stilarten nicht sprengt. Abgelehnt wird jetzt die metaphern- und figurenreiche pathetische Redeweise (*genus vehemens*), kultiviert dagegen ein sachlicher, natürlicher und klarer Ausdruck der Gedanken (*genus humile*), der allerdings in der Praxis immer zu einer mittleren, eleganten, gelassenen Stilart (*genus mediocre*) tendiert. Über die nationalen Grenzen hinweg vollzog sich dieser Wandel. Der *englische Empirismus* propagierte den an der Alltagsrede orientierten schlichten Stil ebenso wie die Gottsched-Schule in Deutschland oder wie die Italiener, die jede Übertreibung, jede Raffinesse des *secentismo* aus ihrer Literatur vertreiben wollten und statt dessen Einfachheit und Natürlichkeit favorisierten.

Der Maßstab der Klarheit setzt sich in allen Redegattungen

durch, er dominiert die Literatur ebenso wie das Theater, die Poesie ebenso wie die Prosa, und er ist natürlich auch mit dem Aufkommen der neuen literarischen Gattung des Romans eng verknüpft, dieser am meisten zukunftsweisenden ästhetischen Neuerung der Aufklärung aus rhetorischem Geist. Wobei Klarheit und Deutlichkeit immer gemäß der Angemessenheitsforderung doppelt bestimmt sind, sich also einmal auf den inneren Aufbau der Sache selber beziehen, zugleich aber auch deren verständliche Vermittlung ausmachen. Im Ideal einer philosophischen Rhetorik sollen beide zur Synthese kommen, wie es Johann Andreas Fabricius (1696–1769) in seiner *Philosophische[n] Oratorie. Das ist: Vernünftige Anleitung zur gelehrten und galanten Beredsamkeit* von 1724 ausführt: „Erläutern oder illustriren heist, die sache welche man für sich hat, auf ihre principia zurück führen, nach allen ihren theilen auseinander legen, zusammen setzen und beschreiben, daß sie denen zuhörern recht begreiflich werde, und sie auch wohl auf der seite beleuchten, da wir wollen, daß sie der zuhörer oder leser ansehen solle, oder mit solchen farben fürbilden, welche mit unsern absichten gemäß dieselbe bemercken." (Fabricius, *Philosophische Oratorie*, 97f.)

Etwas verallgemeinernd kann man sagen, daß in der ersten Hälfte der Aufklärung das Interesse an einer philosophisch-dialektischen Grundlegung und Wirksamkeit der Rhetorik dominiert. Die Lehre und vernünftige Unterweisung wird zur rhetorischen Hauptfunktion erklärt, der gegenüber die emotionalen Wirkungsarten zurücktreten. Diese zur Wiederherstellung des Ansehens und der Geltung notwendige, doch einseitige Orientierung der Rhetorik ändert sich unter dem Einfluß ästhetischer Fragestellungen und einer Gefühlskultur, in der sich *Rousseauismus*, *Empfindsamkeit*, *Sturm und Drang* teils abwechseln, teils vermischen. Das Ergebnis ist aber nicht die Abkehr von der Rhetorik, sondern ihre Erbteilung in eine rhetorische Psychologie und die emotionalen Wirkungsdimensionen Ethos und Pathos, die die Skala von den sanften bis zu den leidenschaftlich heftigen Gefühlsbewegungen begrenzen. Nichts ist daher irreführender, als die Aufklärung des 18. Jahrhunderts generell als eine Epoche des Niedergangs der Rhetorik zu beschreiben, auch wenn sich die Stimmen der demonstrativen Abkehr von der rhetorischen Tradition im Fortgang der Geschichte zu mehren scheinen. Sie wurde oftmals ganz entgegen der eigenen Deklaration gar nicht wirklich vollzogen, sondern beschränkte sich auf die Veränderung, auch Modernisierung der Terminologie (das Paradebeispiel bietet die Ausrufung der *Ästhetik* als einer neuen philosophischen Disziplin durch Alexander Gottlieb Baumgarten [1714–1762]) oder betraf das schulrhetorische Regelwesen, jene oftmals scholastisch erscheinende Gestalt der Rhetorik, die schon in der Antike immer wieder zu Erneuerungsbewegungen oder Transformationen geführt hatte. Auch der Kanon der weiterhin als musterhaft angesehenen antiken Rhetoriktexte blieb erhalten (Aristoteles, Cicero, Quintilian, Horaz, Pseudolongin); sie bildeten die Basis neuer Interpretationen im Lichte veränderter historischer Erfahrungen, und wenn es galt, die Rhetorik mit den Prinzipien einer vernunftbestimmten, bürgerlich ausgerichteten Kultur und Bildung zu verknüpfen, so vergewisserte man sich der Positionen, die in der Renaissance schon einmal erreicht, dann aber bei der Integration der humanistischen Bildung in die neuhöfische Kultur verlorengegangen waren. Und die italienische Aufklärung knüpft geradezu programmatisch an den historischen und philologischen Studien der humanistischen Gelehrten an. Ein Mann wie Giambattista Vico (1668–1744) propagiert eine auf Topik und Rhetorik beruhende humanistische Bildung, die die durch den *Cartesianismus* und die Logik von Port Royal zerrissene Verbindung zwischen Antike und Moderne wiederherstellen soll. Vor dem Studium von Erkenntniskritik und Philosophie müssen Gedächtnis und Phantasie geübt werden, erklärt Vico in seiner Schrift *Über die Bildung in unserer Zeit* (1709), deren Methode auf dem *senso commune* beruht, jenem Instinkt, Gewohnheit und Überlieferung in sich aufhebenden Gemeinsinn, in dem die rhetorische Bildung spätestens seit Cicero verankert ist.

Es kann nach allen überlieferten Zeugnissen kein Zweifel

sein, daß der *Wahrheits- oder Wahrscheinlichkeitsbeweis* für die antike Rhetorik im allgemeinen die Grundlage und Voraussetzung der Überredung im Sinne einer wirklichen Überzeugungsherstellung bildete, und so verwundert es nicht, daß die Aufklärer zur Entwicklung einer den wissenschaftlichen Errungenschaften des Zeitalters angemessenen Rhetorik sich dennoch weitgehend auf die Antike stützen konnten. Erstaunlich dabei bleibt, daß die Aristotelische *Rhetorik*, die doch die Korrespondenz von Rhetorik und Dialektik begründet hatte, für die Aufklärungsrhetorik von geringerer Bedeutung als Ciceros und Marcus Fabius Quintilians (um 35–100 n.Chr.) Lehrschriften gewesen ist. Dennoch verweist immerhin Voltaire entschieden auf die Leistung des Aristoteles (384–322 v.Chr.) („er brachte die Erkenntnis, daß die Dialektik die Grundlage der Überzeugungskunst ist und daß beredt sein bedeutet, beweisen können." [Voltaire, Eloquence, in: *Encyclopédie*, Bd. 5, 529]) und referiert recht ausführlich den Inhalt seines Lehrbuchs, so daß wenigstens dessen Ausrichtung und seine Gegenstände einem größeren Publikum bekannt wurden. Durch die Lektüre der Klassiker – das ist die allgemeine Übereinkunft – gelingt es am besten, „die wahrhaften Gründe für die Prinzipien der Rhetorik begreiflich zu machen" (Lamy, *De l'art de parler*, 66), wie es der französische Rhetoriker Bernard Lamy (1640–1715) in seiner *Kunst der Rede* (1676) formulierte.

Doch das ist nicht alles: Die Autorität der Antike ist so ungebrochen, daß alle Neuerungen vor ihr gerechtfertigt werden müssen. Gottfried Polycarp Müller (1684–1747) begründet 1722 die parallele Anführung von „teutscher und Lateinischer Benennung", um „nach und nach auch die teutschen Kunst-Wörter einzuführen und gewöhnlich zu machen und doch zugleich alle Dunckelheit zu vermeiden" (Müller, *Oratorie*, §9). Johann Christoph Gottsched (1700–1766) wird Cicero, diesem „vollkommensten Lehrmeister der Redekunst" (Gottsched, *Redekunst*, 44) in seinen eigenen Lehrbüchern weitgehend folgen können. Man könnte eine Fülle von Belegen aus allen Perioden der Aufklärung anführen, die die Geltung Ciceros und Quintilians ausdrücklich bestätigen. Dabei darf man sich nicht davon verwirren lassen, wenn dieselben Gewährsmänner als Zeugen für ganz verschiedene, sich sogar auszuschließen scheinende Konzeptionen herhalten müssen. So berufen sich die Schweizer Rhetoriker und Literaturkritiker Johann Jakob Bodmer (1698–1783) und Johann Jakob Breitinger (1701–1776) ebenso auf Quintilian wie ihr Gegner Gottsched, und für Jean Baptiste Dubos (1670–1742), den man ob seiner unverhohlenen Vorliebe den „Quintilian von Frankreich" (Herder, *Abhandlung über die Grazie*, 33) genannt hat, spielt die römische Rhetorik bei der Entwicklung seiner Gefühlsästhetik eine ebenso große Rolle wie für die eher rationalistisch argumentierenden Theoretiker de la Motte oder Charles Rollin (1661–1741). Rollin, der über vier Jahrzehnte seine Vorlesungen am *Collège de France* vor allem über Quintilian hielt, war es auch, der mit seiner zwar nicht vollständigen, doch gewissenhaft kommentierten Ausgabe der *Institutio oratoria* die europäische Wirkung Quintilians entscheidend beeinflußt hat. Das Buch war über ganz Europa verbreitet, mehrere Auflagen sind in Frankreich, zwei in London und je eine in Deutschland und in Spanien erschienen, noch Friedrich der Große (1740–1786) wird darauf seine Kenntnis dieses Lehrbuchs gründen und es für den Rhetorikunterricht empfehlen: „In Absicht der Rhetorik sollte man sich bloß an Quintilian halten. Wer ihn studiert und nicht zur Beredsamkeit gelangt, wird sie sicher niemals lernen. Der Stil dieses Werks ist hell und deutlich, er enthält alle Vorschriften und Regeln der Kunst." (Friedrich II, *Über die deutsche Literatur*, 78) Auch in England gibt es vergleichbare Konstellationen, wenn die Rhetorik, hier vornehmlich diejenige Ciceros, auf der einen Seite durch ihre Orientierung an der Lebenspraxis in John Lockes (1632–1704) Pädagogik wiederaufgegriffen wird, andererseits aber auch Anthony Ashley Cooper Shaftesbury (1671–1713) zur Begründung seines Gefühlspantheismus dient.

Die Nationalisierung der europäischen Kultur bildet den Rahmen für die neben ihrer Anpassung an den zeitgenössischen wissenschaftlichen Standard zweite Hauptaufgabe der aufklärerischen Rhetorik. Und wirklich: Die Anpassung des Systems an die Erfordernisse der modernen Sprachen gelang aufgrund günstiger Voraussetzungen ohne grundsätzlichen Bruch. Die Orientierung an der lateinischen Grammatik, die Ausrichtung auch der nationalsprachlichen Rede- und Schreibweisen am Stil vor allem der römischen Autoren hatten die Übertragung sehr erleichtert, und die demokratische, alle Standesunterschiede einebnende Idee der *humanitas* war auch als Funktion eines modernen, nicht mehr allein auf die Antike ausgerichteten Bildungswissens zu verwirklichen. Die rhetorische Konstanz bei der Ablösung der lateinischsprachigen durch die nationalsprachige Bildung läßt sich sogar an einem extremen Beispiel erläutern. Benjamin Franklins (1706–1790) *Idee der englischen Schule* (1751) bindet die Schulreform ganz pragmatisch an die Nützlichkeit (*utility*) als oberster Maxime. Auf die Ausbildung in lateinischer und griechischer Sprache und Literatur kann daher zwar verzichtet werden, nicht aber auf die rhetorische Erziehung, die nun auf englische Autoren oder englische Übersetzungen klassischer Texte abgestellt wurde. Franklins Unterrichtsplan schließt alle fünf Teile der alten Schulrhetorik ein (*elocutio*, *memoria*, *pronuntiatio* in der Unterstufe, *inventio* und *dispositio* in der Oberstufe), er erstreckt sich auf mündliche und schriftliche Übungen, berücksichtigt die alten *rhetorischen Gattungen* ebenso wie ihre modernen Ableger mit dem Höhepunkt: der praktischen Ausbildung in essayistischer Prosa. Vergleichbare Phänomene gibt es in allen Ländern, und was Rollins Lehrbuch für die Franzosen oder Lockes Pädagogik für die Engländer, das waren Gottscheds rhetorische Lehrschriften für das deutsche Publikum, nämlich Wegweiser zur Entwicklung einer muttersprachlichen Rhetorik und eines pädagogisch ausgerichteten Rhetorikunterrichts an Schule und Universität.

2. Philosophie der Rhetorik

Vollends einig waren sich die meisten Rhetoriker der frühen Aufklärung in der Aufgabe, ihre Disziplin mit der Philosophie in eine fruchtbare und neue Verbindung zu bringen. Sie haben sich dabei einerseits gegen die in Verruf geratene *galante Beredsamkeit* abzusetzen, und so betont zum Beispiel François Fénelon (1651–1715): Rhetorik sei keine „art frivole". Andererseits müssen sie sich mit der Rhetorik-Kritik der Schulphilosophie und vor allem des Cartesianismus auseinandersetzen. Diesen Absichten entspricht auf der einen Seite die philosophische Zwecksetzung der Beredsamkeit als einer „Klugheit / alle erkannte Warheiten / so einem Wiederspruch unterworfen sind / andern durch Vorstellung derselben nach dero Gemüths-Beschaffenheit / und also durch eine Rede / zu überreden" (Müller, *Oratorie*, 1), wie es Gottfried Polycarp Müller schon 1722 formulierte. Andererseits fühlt man sich dabei durchaus als Erbe und Fortsetzer der antiken Tradition, deren ursprüngliche, erst von den Späteren verfälschten Intentionen man wiederherstellen will. Voltaire beruft sich ausdrücklich auf Aristoteles, wenn er die Rhetorik als Kunst, die Wahrheit zu vermitteln, behandelt und im Beweis ihre wichtigste Aufgabe sieht. Auch der Autor des Enzyklopädie-Artikels *Rhétorique* pflichtet Aristoteles darin bei, bemerkt aber auch umgekehrt, daß der Philosoph, wenn er denn wirken wolle, auf Beredsamkeit nicht verzichten könne: „die Beredsamkeit ist für die Wissenschaften, was die Sonne für die Welt ist; die Wissenschaften sind nur Nebel, wenn diejenigen, die sie betreiben, nicht schreiben können." (Voltaire, Rhétorique, in: *Encyclopédie*, Bd. 14, 250) Aufklärung wird hier direkt metaphorisch an die Beredsamkeit gebunden, und auch wo das nicht so ausdrücklich geschieht, gehen Philosophie und Rhetorik eine oft kaum mehr unterscheidbare Verbindung ein. Müller will „ein wahrer / bescheidener und vernünfftiger Philosophus und Redner" (Müller, *Oratorie*, § 1) sein und betrachtet die „Verbindung der Logic und Oratorie" (ebd. § 7) als seine wichtigste Aufgabe. George Campbells (1719–1769)

Philosophie der Rhetorik ist von der zeitgenössischen englischen Philosophie, besonders von John Locke und David Hume (1711–1776), beeinflußt und basiert auf dem Konzept einer „allgemeinen Kunst des Diskurses“ (Campbell, *Philosophie der Rhetorik*, XIV). Für Diderot bestimmt die Vernunft zwar den Philosophen, und er sieht seine wichtigste Aufgabe darin, die Ursachen der Dinge zu erforschen, doch dann grenzt er ihn deutlich gegen den weltfremden Denker und Stubengelehrten ab und nennt ihn einen „honnête homme“ (Diderot, Philosophie, in: *Encyclopédie*, Bd. 12, 510), einen rechtschaffenen Menschen, der sich gefällig und nützlich erweisen will, außerdem von Ideen für das Wohl der Gemeinschaft erfüllt ist und sich nicht als kontemplativer Geist, sondern als Handelnder versteht.

Rationalismus und *Empirismus* sind die beiden Pole der Aufklärung, doch die anfängliche Trennung beider Richtungen sollte bald einer wechselseitigen Durchdringung weichen, und die gegenüber England und Frankreich verspätet einsetzende Aufklärung in Deutschland zeigt seit Christian Thomasius (1655–1728) eine Synthese von empiristischem und rationalistischem Denken. Nicht dem Denkinhalt, sondern der Denkart wurde von allen Aufklärern die Priorität eingeräumt; und die Vernunft galt nicht als Reservoir von Erkenntnissen, sondern als Kraft und Methode, zu neuen Wahrheiten zu gelangen. Zuerst aber erweist sich diese Funktionalität der Vernunft in der Sprache, die damit also mehr als bloß deren Medium, nämlich ihr konstitutiver Bestandteil, ist. Die Aufmerksamkeit, die schon die ersten Aufklärer, Descartes und Bacon, Locke und Gottfried Wilhelm Leibniz (1646–1716), dem Zustand und der Vervollkommnung der Nationalsprache widmeten, ist nur von dieser Voraussetzung her zu verstehen, und sie erklärt auch die Bedeutung, die die Rhetorik für die Aufklärung trotz aller Kritik an ihr gewinnen mußte. Denn wenn die sprachliche Ausübung notwendiger Teil der Vernunfttätigkeit ist und damit, aufklärerischer Überzeugung nach, zur Vernunft selber gehört und über deren Verwirklichung, ihr Praktisch-Werden, entscheidet, treten der Wirkungsaspekt der Sprache und ihre kommunikative Funktion in den Vordergrund. Nicht bloß als richtiger, korrekter Ausdruck des Denkens (wofür besonders die Grammatik zuständig ist), sondern auch als sein klares und wirkungsvolles Organ: „la clarté & l'élégance"(Voltaire, Rhétorique, 530), wie Voltaire formulierte, beide zusammengenommen ergeben die Bedingung, wodurch überhaupt nur die Philosophie und die Wissenschaften in die Lebenspraxis integriert werden können. „Unsere Nation", schreibt Voltaire 1737, „liebt alle Arten von Literatur, von der Mathematik bis zum Epigramm" (Voltaire, *Conseils à un journaliste*, 358), und er pointiert damit nicht nur den universalen Anspruch der Aufklärung in allen Wissenschaften, sondern bekennt sich auch zu der Auffassung, daß menschliche Erkenntnis, in welchem Bereich auch immer, zu einem gesellschaftlichen Faktum nur in literarischer Form, als Rede und Literatur, werden kann.

Wenn man das 18. Jahrhundert das Jahrhundert der Philosophie genannt hat und die französischen Aufklärer generell als *philosophes* bezeichnet wurden, so ist damit nicht, trotz gelegentlicher Schulbildungen (der Cartesianismus oder die Leibniz-Wolffsche Philosophie), die Herrschaft der Schulphilosophie gemeint, sondern die einer rednerisch bestimmten Kultur des Denkens, die im wesentlichen humanistische Impulse aufnahm und entfaltete. Rhetorisch inspiriert war auch das ehrgeizige Ziel, Wissen und Erkenntnis über den engen Kreis der Gelehrtenrepublik hinaus zu verbreiten und ein neues bürgerliches Publikum zu schaffen, dem die Beziehung der Bildung auf das Leben konstitutiv für das eigene Selbstverständnis wurde. „Geschaffen für das Leben in der Gesellschaft" (Montesquieu, *Esprit des lois*, 4), soll der Mensch sich sein soziales und staatliches Wirkungsfeld selber erringen, es nach der Struktur der Vernunft ordnen, ihm aber darüber hinaus eine eigene individuelle Form geben.

Wichtig ist dieser letzte Punkt deswegen, weil es dem aufklärerischen Denken eben nicht nur darauf ankommt, die einheitlichen Gesetze des Lebens zu entdecken, sondern ebenso, die Vielfalt der Welt und die Individualität der Erscheinungen in ihren Nuancierungen zu erkennen und als solche zum Gegenstand des Denkens zu machen. Daraus erwächst ein mächtiger Impuls, der die rhetorische Argumentationsgrundlage, die Lehre vom Beweisen und Überzeugen (*Topik*), verändert. Nicht mehr die überlieferten Weisheiten, die Autorität der Tradition, der Bezug auf die bereits gewonnenen Gewißheiten machen eine Rede überzeugungstüchtig, und ein so ehrgeiziges Unternehmen wie das der großen französischen Enzyklopädie, die Diderot und D'Alembert herausgegeben haben, geht gerade aus einem neuen Realienverständnis hervor. Beredsamkeit soll nicht mehr aus Topiken und Sprichwort- oder Sentenzensammlungen (*Kollektaneen*) ihre Argumente beziehen, sondern aus der Erfahrung selber und somit der neuen wissenschaftlichen Realitätserfassung entsprechen: „Reden aus collectaneis haben gemeiniglich mehr Spielwerck, Vanitäten, unnützes Zeug, als rechte Realien." (Hallbauer, *Teutsche Oratorie*, 293)

Von dieser Orientierung der Beredsamkeit an der Erfahrung bleibt auch ein rhetorisches Herzstück nicht unberührt, das der emotionalen Wirkungsdimension der Rede entspricht: die *Affektenlehre*. Denn das eigentliche psychologische Interesse gilt seit etwa Mitte des 18. Jahrhunderts der empirischen Erforschung der menschlichen Seelenvermögen, um sich dann unter dem Einfluß der *Empfindsamkeit* und der allgemeinen Hinwendung zur individuellen Erfahrung in der Spätaufklärung auf die psychische Verfassung des einzelnen Menschen zu konzentrieren. Es war Karl Philipp Moritz (1756–1793), der Freund Goethes (1749–1832) und Autor des berühmten autobiographischen Romans *Anton Reiser*, der mit seiner Erfahrungsseelenkunde einerseits Empfindsamkeit und sensualistische Psychologie verbindet, andererseits aber auch individual- und gesellschaftsethische Theorien einbezieht. Dies geschieht vor allem dort, wo die Seelenkunde praktische Regeln für einzelne Lebensprobleme jeder Art gibt und damit an die gesellschaftliche Beredsamkeit grenzt. Menschenkenntnis ist das Rhetorik und Psychologie verknüpfende und ganz praktisch ausgerichtete Ziel, denn sie soll zu einem besseren

Umgang miteinander und zur effektiveren Durchsetzung der aufklärerischen Ideale führen, hinter denen sich das Emanzipationsbestreben des Bürgertums verbirgt.

Man hat vom Geist der Propaganda gesprochen, der die bürgerliche Aufklärung von der Renaissance besonders unterscheide. Abgesehen davon, daß auch die humanistische Bewegung bürgerlich begann und rhetorisch war mit ihrem über die Gelehrtenzirkel hinausreichenden Wirkungsinteresse, stimmt an dieser These, daß die Aufklärung in einem viel größeren und radikalen Sinne publikumsbezogen denkt, doch unterscheidet sie gerade der *vernunftgemäße Überzeugungswille* von jeder *propagandistischen Überredungskunst.* „Die Natur schafft den Menschen als beredtes Wesen" (Voltaire, Rhétorique, in: *Encyclopédie*, Bd. 5, 529), sagt Voltaire ganz im Sinne Quintilians, und eben dieser natürliche Ursprung der Beredsamkeit gilt dem Zeitalter auch als ihre wichtigste Legitimation. Durch das rhetorische Wirkungsinteresse unterscheidet man sich von der scholastischen Schultradition und später der neuen Schulphilosophie Cartesianischer oder Leibniz-Wolffscher Prägung. Wenn auch der kämpferische Geist der Aufklärung außerhalb Frankreichs nur hier und da sich regt oder ganz fehlt oder in anderen Ländern erst im Gefolge der *Französischen Revolution* gleichsam importiert auftritt: die Popularisierung der Philosophie und des Wissens gehört zum Kernbestand im Programm der europäischen Aufklärung; um es zu verwirklichen, bedarf es nach allgemeiner Überzeugung der Rhetorik. Dialog und Gespräch gelten als die geeignetste Form der praktischen Unterrichtung, die beste Methode, den Menschen zum Selbstdenken, zum richtigen und freien Gebrauch seines Verstandes zu erziehen, wie das Kant in seiner berühmten, die Epoche begrifflich beschließenden Schrift *Beantwortung der Frage: Was ist Aufklärung?* (1783) dann erläutert hat. In seinem Essay *Leben und Charakter des Sokrates* (1767) hat Moses Mendelssohn (1729–1786) die Vorzüge des sokratischen Gesprächs ebenfalls darin gesehen, „daß man von Frage zu Frage, ohne sonderliche Anstrengung, ihm folgen konnte, ganz unvermerkt aber sich am

Ziele sah, und die Wahrheit nicht gelernet, sondern selbst erfunden zu haben glaubte"(Mendelssohn, *Charakter des Sokrates*, 31).

3. Die klassischen Redegattungen

In der Antike hatte sich die *juristische Rhetorik* zum Musterfall für die gesamte Beredsamkeit entwickelt. In den rhetorischen Lehrbüchern des 18. Jahrhunderts findet sich die Gerichtsrede auch in Deutschland zwar noch berücksichtigt, doch geschah dies mehr unter dem Traditionszwang, als daß sich darin ihre Geltung widerspiegelte. In ganz Europa hatte sich seit dem Spätmittelalter von Oberitalien aus die Schriftlichkeit als Verfahrensgrundsatz durchgesetzt, auch in dieser Zeit erst treten Zivilprozeß und Strafprozeß auseinander. Das ist karger Boden für rhetorische Kunstfertigkeit, denn im ersteren Fall dominiert der Schriftsatz („quod non est in actis non est in mundo", was nicht in den Akten steht, ist nicht in der Welt, lautete der Verfahrensgrundsatz), im zweiten Fall unstrittige Sachverhalte und Indizien. An die Stelle des rhetorischen Parteienstreits treten das richterliche Protokoll (im Inquisitionsprozeß), die Anklage- und Verteidigungsschrift (im summarischen Prozeß) und, nach Abschaffung der Folter, die sogenannte Relation, in der ein Tatbestand und das Verfahren selber auf ihr bloßes Datengerüst reduziert sind und die Grundlage für die Entscheidung nach Aktenlage liefern.

Die feudale Gerichtsbarkeit war eine geheime, ohne Geschworene, ohne jegliche Form der Öffentlichkeit, und die Rechte der Verteidigung waren so gering, daß der Advokat nicht einmal zu seinem Klienten vorgelassen wurde, der sogar ganz ohne Verfahren, durch eine bloße *lettre de cachet*, ins Gefängnis geworfen werden konnte. Das galt für Frankreich und Deutschland gleichermaßen. „Bei den Römern", sagt Voltaire, „wurden die Zeugen öffentlich verhört, in Gegenwart des Angeklagten, der ihnen zu antworten, sie einem Kreuzfeuer zu unterwerfen – entweder in eigener Person oder durch seinen Verteidiger – berechtigt war. Das war eine edle, eine freimütige, eine der römischen Hochherzigkeit würdige Bestimmung. Bei uns geschieht alles heimlich; es ist der Richter allein, der mit seinem Sekretär die Zeugen verhört." (Voltaire, *Délits et peines*, 821) Nur in England lagen nach der Revolution von 1688 die Umstände anders, dort waren die Naturrechtslehren eines Hugo Grotius (1583–1645) oder Samuel Pufendorf (1632–1694) von Locke aufgegriffen und zur Grundlage neuer Rechtsverhältnisse gemacht worden, in denen Legislative und Exekutive getrennt und sogar die Legitimität des Rechts zur Auflehnung bewiesen wurde.

In der juristischen Ausbildung traten rhetorische und argumentative Techniken ziemlich in den Hintergrund oder wurden gar als störend für die rein sachliche Rekonstruktion empfunden: am Wiener Kriminalgericht war der mündliche Vortrag in den achtziger Jahren noch ausdrücklich verboten. Doch wäre es auch hier voreilig, aus diesen Zeugnissen nichts anderes als die Abkehr von der Rhetorik zu entnehmen. Die Verlagerung auf den Schriftverkehr, die demonstrative Abwendung von der Gerichtskunst des 17. Jahrhunderts, in der das Verfahren nach dem Muster des *theatrum mundi* ablief, die Bürokratisierung der Entscheidungsfindung – alle diese Einflüsse erweisen sich zwar für die Ausbildung einer avancierten juristischen Rhetorik als Hemmnisse, bringen aber auf der anderen Seite eine eigene Spielart hervor, die ebenfalls rhetorische Qualität aufweist und mit vergleichbaren Entwicklungen in Literatur und Kunst korrespondiert. So dekretiert der einflußreiche Christian Thomasius in seinem Studienplan für Juristen 1713: „Es ist aber der Stylus heut zu Tage in vielen Stücken unterschieden von dem gerichtlichen Stylo der Römer, derowegen hat ein Advocat wohl in acht zu nehmen, daß er nicht nach Art der Römischen und Griechischen Redner, oder auch nach Art der Romanschreiber allerhand Oratorische Figuren in seine Sätze einmische, und dadurch die Affecten zu bewegen suche: sondern er muß vielmehr dahin sehen, daß er die Sache seines Clienten deutlich vortrage und beweise." (Thomasius, *Höchstnöthige Cautelen*)

Womit nicht etwa, wie man meinen könnte, eine eigene, noch dazu unrhetorische Fachstilistik begründet wird, sondern sich der einfache, schlichte Stil (*stilus humilis*) der *rhetorischen Dreistillehre* mit gewissen Konzessionen zur *mittleren Stillage* hin zum Paradigma der juristischen Schreibart erhoben findet. Friedrich Andreas Hallbauer (1692–1750) hat sich dann schon als Chronist dieser Stilnorm versucht und läßt in seinem Referat auch bereits die ziemlich katastrophalen Folgen der neuen juristischen Stilpragmatik anklingen: „Der juristische *stilus* ist eine Schreib-Art, welche in Canzeleyen, in Gerichts*collegiis* und von *practicic iuris* gebraucht wird [...]. Der eigentliche juristische *stilus* ist derjenige, dessen sich die Advocaten in rechtlichen Sachen bedienen. Der *stilus iuris publici* wird gebraucht in Sachen, die das gemeine Recht und den Staat betreffen, daher er auch wol der Staats*stilus* genennet wird. Es hat Herr D. Glafey vor, etwas *de stilo publico* heraus zu gegeben. Siehe *Antonii Fabri electa iures publici*. Der *Canzeley-stilus* ist der, dessen man sich in Canzeleyen, Regierungen und andern *collegiis* bedienet zu Abfassung der Befehle, Bescheide, Urthel, usw. Der *Cammer-stilus* ist in Rescripten und Verordnungen, welche die Oeconomie und das Cammer-Interesse betreffen, üblich. Der *Curial-stilus, stilus curiae* ist eine Schreib-Art, welche von Fürsten, oder diesen gleichen Personen, oder auch von Canzeleyen und *collegiis* im Namen der hohen Obrigkeit gebraucht wird." (Hallbauer, *Teutsche Oratorie*, 524ff.)

Die Kritik trug Früchte. Im Laufe des 18. Jahrhunderts mehrten sich die Stimmen, die eine bessere Ausbildung der Juristen auch in rhetorischer Hinsicht etabliert sehen wollten. Eine besonders verdient hervorgehoben zu werden: diejenige des August Ludwig Schott (1751–1787). In seinem vielverbreiteten Lehrbuch zur *Vorbereitung zur juristischen Praxis besonders in Rücksicht auf die Schreibart in rechtlichen Geschäften* von 1784 rückt er die rhetorische Wirkungsintention wieder ins Zentrum und will auch die Gefühlsgründe nicht vernachlässigt finden. „Damit der Verstand oder das Herz dessen, dem etwas vorzutragen ist, unterhalten und beschäftiget wird, mus die Schreibart noch eine besondere Eigenschaft haben, nemlich Kraft und Nachdruck [...], die Lebhaftigkeit, die den Ausdrücken beygelegt wird, macht eigentlich die Kraft der Schreibart aus." (Schott, *Vorbereitung zur juristischen Praxis*, 24f) Erst mit Beginn des 19. Jahrhunderts wird das freiere Verfahren nach französischem Vorbild Zivilprozeß und Strafprozeß auch in Deutschland zunehmend bestimmen und eine – freilich bescheidene – Renaissance der juristischen Rhetorik bewirken.

In einer auf dem königlichen *Absolutismus* beruhenden Staatenwelt – und das war das 18. Jahrhundert in Europa – kann sich eine politische Rhetorik im klassischen Sinne, nämlich als *Beratungsrede* vor der Volksversammlung, nicht durchsetzen. Doch ist die höfische Rede deshalb nicht unpolitisch, weil sie sich an den Institutionen des absolutistischen Staates orientiert. In der Innen- und Außenpolitik wird nach wie vor rednerische Kompetenz verlangt; Diplomatie und Konversation, Huldigung und politische Disputation unter den Herrschaftsträgern bringen eine eigene politische Beredsamkeit hervor, die in ihren Methoden und Techniken aber ganz von der Tradition abhängig bleibt. Diese politischen Möglichkeiten bestimmen die Behandlung der Gattung in den Lehrbüchern, die „Huldigungs-Reichs-Kriegs-Land-Stifts-tagsreden" (Fabricius, *Philosophische Oratorie*, 474) aufführen oder, wie es Gottsched tut, unter der Rubrik „Hof- und Staatsreden" (Gottsched, *Ausführliche Redekunst*) dann im wesentlichen Huldigungsreden Revue passieren lassen. Den Grundstock dafür bildet die Festrede, das einstige *genus demonstrativum*, das nun gleichsam politisch aufgeladen wird – eine Allianz der beiden Redegattungen, die nicht zum letzten Mal in der Geschichte der Beredsamkeit zu beobachten ist, sondern im modernen demokratischen Staat unter ganz anderen Bedingungen abermals auftreten wird.

Man braucht nicht lange zu raten, wo das Mekka der politischen Rhetorik für die europäische Aufklärung lokalisiert war: das englische Parlament gilt als der erste und mächtigste Ort politischer Beredsamkeit in ihrem antik-demokratischen Verständnis. Der Einfluß politischer Rhetorik auf sämtliche Bereiche des öffentlichen Lebens und der literarischen Produktion läßt sich in England noch kaum übersehen. John Locke (1632–1704), der den Schlüsselbegriff des Konsenses (*consent*) zur Grundlage seiner politischen Lehre machte, legt nahe, daß auch das politische Denken der Aufklärung sich in weiten Bereichen als Interpretationsübung an rhetorischen Texten entfaltete: Locke begann seine Laufbahn als Dozent für Rhetorik und Moralphilosophie am *Christ Church College* in Oxford. Als das wichtigste Ergebnis der politischen Entwicklung in England hatte man erkannt, daß der Opposition eine selbständige und für das Wohl des Ganzen unverzichtbare Funktion zugebilligt wurde und man ein neues positives Verständnis von Parteilichkeit gewann – man geht nicht fehl, wenn man darin einen Einfluß des *rhetorischen Parteiverständnisses* sieht. Auch die Tatsache, daß die führenden Schriftsteller in jener Blütezeit der englischen Literatur von Addison bis Swift und von Defoe bis Pope in erster Linie politische Schriftsteller, Verfasser von Pamphleten, Satiren und Flugschriften waren, hat den gleichen Grund. Noch bis zu Adam Müller (1779–1829) wird das Lob des britischen Parlaments als „Schule der Beredsamkeit" (Müller, *Zwölf Reden*, 86) ertönen, in der William Pitt (1759–1806), Charles James Fox (1749–1806) und Edmund Burke (1729–1797), die „großen Heerführer der britischen Beredsamkeit" (ebd. 88), wirkten. Und auch die Einschätzung der politischen Rede als des höchsten Grades der Beredsamkeit, wie sie etwa der schottische Schriftsteller Hugh Blair (1718–1800) in seinen *Vorlesungen über Rhetorik und die schöne Literatur* vorträgt, ist Ausdruck der historischen Begünstigung der Rhetorik durch die englische Staatsverfassung. Positiv bestätigt sich hier der Gemeinplatz rhetorischer Geschichtsschreibung von der Zusammengehörigkeit von Beredsamkeit und Republik, den auch Voltaire aufgreift, wenn er ihr Fehlen in der Gegenwart konstatiert: „Diese Beredsamkeit ging ebenso wie die Athens mit der Republik unter" (Voltaire, Eloquence, in: *Encyclopédie*, Bd. 5, 529), bemerkt er zum Untergang der politischen Beredsamkeit in Rom.

Für Frankreich gilt ebenso wie für die anderen Länder des Kontinents, daß es eine politische Beredsamkeit im klassischen Verständnis nicht besaß, daß diese sich vielmehr in die verschiedenen politischen Schreibweisen der Literatur (Kritik, Satire, Journalismus) zurückgezogen hatte. Der konservative Verdacht auf ein rhetorisches Komplott, das schließlich zur Revolution geführt habe, liegt also gar nicht so fern: „Eine Rotte Afterphilosophen erfindet ein paar Zauberworte, *Freiheit* und *Gleichheit*, murmelt sie anfangs ganz leise [...], stellt sich zuletzt auf offene Plätze, und ruft sie so laut aus, daß sie in allen Theilen von Europa widerhallen; und Millionen der Menschen verlieren durch diesen Wörterschwall Leben und Eigenthum", heißt es in einem *Wörterbuch der französischen Revolutionssprache* (IV) von 1799. Eine Theorie der politischen Rede mag man vergeblich unter den Revolutionsführern und großen Rednern von 1789 suchen, sie ist in Gestalt der Rhetorikrezeption immanent bei allen vorhanden, verrät sich im antiken Sprech-Stil, in Aufbau und Form der Rede. Sogar in Toga-ähnlichen Kleidern vergewissert man sich der Verwandtschaft mit dem republikanischen Rom.

Ihren wichtigsten Ort findet die politische Rede in Deutschland in der gesellschafts- und hofkritischen Literatur der Aufklärung, in Fürstenspiegeln und Satiren, in den moralischen Wochenschriften und schließlich in der revolutionären Publizistik, die von Frankreich ihren Ausgang nahm, sich über ganz Europa verbreitete und dabei die Rhetorik der Französischen Revolution (Mirabeaus und Dantons, Robespierres und St. Justs) auf unterschiedliche Weise fortführte, auch entschärfte. In Deutschland markieren Christoph Martin Wielands oder Adolf Freiherr von Knigges (1751–1796) politische Schriften die eher liberale Position, während Georg Forster oder Johann Benjamin Erhard die jakobinische Seite verkörpern. Eine *Zweck- und Tendenzliteratur* entsteht, die in Deutschland freilich mit besonderen Schwierigkeiten zu kämpfen hat, weil sie der ästhetischen Orientierung der Poesie, ihrem Ausweichen vor der politischen Misere in Schönheitskult und Innerlichkeit, vehement widerspricht und zudem die bedeutenden Autoren (oft nach anfänglicher Sympathie) sich von den französischen Zuständen distanzieren. Sammelort der jakobinischen Bewegung wurde das Rheinland und die Mainzer Republik ihr Gelobtes Land. Hier auch wirkte der bedeutendste revolutionäre Autor, Georg Forster (1754–1794), dessen Reden und Schriften einen Höhepunkt politischer Rhetorik im Deutschland des 18. Jahrhunderts darstellen und die wie selbstverständlich aus dem oratorischen Kapital der Vergangenheit höchst aktuelle Funken schlagen.

Die Konjunktur der *Festrede* in ihren mannigfachen Spielarten folgt aus denselben Bedingungen, die im 18. Jahrhundert die Ausbildung von politischer und juristischer Rede behinderten. Gegenstand dieser Redegattung ist eine Person oder Sache unter der Perspektive von Lob oder Tadel, wobei der Redner durchaus nicht etwa von vornherein mit einem Konsens rechnen kann, wie vielfach angenommen wird, sondern er eine Übereinstimmung über das Thema, sei es in tadelndem, sei es in lobendem Sinne, erst herstellen muß. Insofern hat natürlich auch die Lob- und Tadelrede eine über ihren ästhetischen Schaucharakter hinausweisende ideologische und damit vermittelt politische Funktion; sie läßt sich etwa in den Lobreden auf bürgerliche Tugenden und Fertigkeiten sehr genau ablesen, die ein beliebter Gegenstand von Musterreden, Schulreden oder häuslichen Ansprachen waren.

In den rhetorischen Lehrbüchern des 18. Jahrhunderts wird die Festrede ausführlich beschrieben und auf die verschiedenen Gelegenheiten hin zugeschnitten. „Lob-Reden 1) werden auf hohe Personen 2) in einem hohen und scharfsinnigen stilo geschrieben 3) und müssen also auch hohe und auserlesene Sachen vortragen" (Hallbauer, *Teutsche Oratorie*, 753). So Hallbauer, die antike Tradition bekräftigend, wie das auch die anderen Rhetoriker tun. „Diese Art von Beredsamkeit richtet sich allgemein auf das Lob irgendeines hochgestellten Mannes, welches die alleinige Absicht des Redners sein sollte;

der Name ‚demonstrativum' belegt jedoch, daß die wahre Absicht des Redners darin bestand, seine eigene Beredsamkeit zu demonstrieren" (Smith, *Lectures on Rhetoric*, 128), konstatiert Adam Smith (1723–1790) in seinen Rhetorikvorlesungen. In Form der *Eloge* wird diese Lobrhetorik in Frankreich seit dem 17. Jahrhundert besonders gepflegt. Bernhard Le Bovier Fontenelle (1657–1757) gilt als ihr unangefochtener Meister. Gottsched begründet im entsprechenden Kapitel seiner *Ausführlichen Redekunst* den hohen Rang, den er dieser Gattung einräumt: „Zuerst nehme ich die grossen Lobreden vor, die auf grosse Herren, Helden, Staatsbediente, und andre hochverdiente Männer, sowohl bey ihrem Leben, als nach ihrem Tode gehalten zu werden pflegen. Ich setze aber dieselben nicht ihrer Leichtigkeit halber voran: Sondern darum, weil sie dasjenigen sind, worinn ein Redner ein rechtes Meisterstück seiner Kunst ablegen kan." (Gottsched, *Ausführliche Redekunst*, 416). Die Festrede ist für die meisten Rhetoriker – jedenfalls gilt das auf dem Kontinent bis 1789 allgemein – zum eigentlichen Paradigma ihrer Kunst geworden, und wenn dieser Wechsel auch gewiß eine Folge der sozialen und politischen Verhältnisse und lange vorbereitet war, darf man ihn doch nicht nur, was naheliegt, aus der Perspektive der Machtlosigkeit und Handlungshemmung des bürgerlichen Intellektuellen bewerten. Die Lobrede und alle ihre Unterarten (Glückwunsch-, Empfangs- und Willkommensreden, Vermählungs- und Geburtstagsreden, Kondolenz- und Trauerreden, Stand- und Personalreden) eröffneten der Rhetorik im privaten bürgerlichen Leben ebenso wie bei Staatsakten, in der Literatur und in der Philosophie ein Betätigungsfeld, wie man es sich umfassender gar nicht vorstellen kann. Zweifellos ist es deshalb auch der Rhetorik zu verdanken, wenn die deutsche Literatur innerhalb nur weniger Jahrzehnte die Höhe erreichen konnte, die Wielands (1733–1813) Werk früh schon beispielhaft repräsentiert. Er war es auch, der das Rezept dazu seinen Schülern verraten hat: „Es bleibt daher einem, der ein Redner zu werden verlangte, außer seinem eignen Fleiß, wenig Hülfe übrig. Er muß zuvorderst die Schriften, die uns von den alten Rhetoribus übrig geblieben sind, studieren, und sich daraus die Reglen der Kunst sammeln.“ (Wieland, *Theorie und Geschichte der Red-Kunst*, 314)

Es ist ein Gemeinplatz der Rhetorikgeschichtsschreibung geworden, daß die protestantische Predigt den Geist der Rhetorik trotz mancher Kritik und Animosität über die Zeiten des Verfalls der Beredsamkeit hinweg erhalten habe. Johann Gottfried Herder (1744–1803), der zwar für die *Homiletik*, für die Predigtlehre, „eine ganz andre Beredsamkeit“ fordert, zugleich aber verlangt, daß diese „ihrem wahren Begriffe nach ihr [der politischen Beredsamkeit der Antike] ganz und gar nicht nachstehe“ (Herder, *Sollen wir Ciceronen auf der Kanzel haben?*, 513), verkörpert das doppelköpfige Wesen der Kannzelberedsamkeit besonders deutlich. Auch Gotthold Ephraim Lessing (1729–1781) hat es nicht anders gehalten und die rednerische Kunst einerseits zum bloßen Hilfsmittel erklärt, andererseits den Bildungsauftrag der Predigt, „das Vergnügen an der Erkenntnis der Wahrheit“ (Lessing, *Briefe, die neueste Litteratur betreffend*, 479), über alle anderen Zwecke gesetzt – und damit wieder eine genuin rhetorische Maxime bestärkt, ohne sich dessen freilich bewußt zu sein. Die Kenntnis vom Umfang rhetorischer Bildung war selbst bei einem Gelehrten vom Schlage des Wolfenbüttler Bibliothekars auf Schwundstufen zusammengeschrumpft, so daß er sogar den Sophisten, den Redelehrern des antiken Griechenland und Vätern der europäischen Bildungsidee und Pädagogik – eben die pädagogische Absicht bestreitet.

Was immer man der Rhetorik nachsagt, auch die Kanzelberedsamkeit entrinnt ihr an keiner Stelle, und daran änderte sich auch nichts, als sie sich dem rationalen Geist des neuen Jahrhunderts zu fügen beginnt. In Frankreich wird der Jesuitenpater Louis Bourdaloue (1632–1704), der nach 1670 auch oft vor dem König predigte, zum Vorbild für die großen Prediger der Aufklärung, für Fénelon oder Jacques Bénigne Bossuet (1627–1704), weil er eben auch die Vernunft zu Worte kommen ließ und auf die Klarheit der Darstellung ebensoviel Sorgfalt verwandte wie auf seine Argumente. In England war es Gilbert Burnet (1643–1715), der spätere Bischof von Salisbury, der die Rolle des musterhaften Vorbilds aufklärerischer Kanzelberedsamkeit spielte. Die Rhetoriker integrierten derart zwar auch die Predigt in den allgemeinen Diskurs der Aufklärung, doch sahen sie auch ihre besondere Schwierigkeit im Vergleich zu anderen Redearten. George Campbell pointiert den Unterschied in seiner *Philosophie der Rhetorik*: „Anders dagegen ist die Absicht des christlichen Redners. Er zielt nicht auf den momentanen, sondern den dauerhaften Effekt. Ihn wird keine unmittelbare und sofortige Zustimmung zufriedenstellen, sondern nur eine vollständige Veränderung des Gefühls und der Einstellung." (Campbell, *Philosophy of Rhetoric*, 108) Die besondere Bedeutung, die der Kanzel als Vermittlungsinstanz rhetorischer Theorie und Praxis zukommt, akzentuiert auch Wieland: „Die christliche Religion hat zu einer neuen Art von Beredsamkeit Anlaß gegeben, welche die geistliche Beredsamkeit [...] genennt wird. Die großen Veränderungen, die seit der Zerstörung der alten Republiken in Europa vorgegangen, haben der Beredsamkeit fast keinen andern Ort übrig gelassen, wo sie sich in ihrer ganzen Stärke déployieren kann, als die Canzel." (Wieland, *Theorie und Geschichte der Red-Kunst*, 331) Deren Bedeutung für die Aufklärung erschöpft sich aber nicht in solcher Statthalterschaft. In einer Zeit, da die Kulturtechniken immer noch nur einem kleinen Kreis von Gebildeten und Gelehrten zugänglich sind und selbst in Frankreich der Rückgang der Analphabeten in dem Jahrhundert von 1685 bis 1785 von 79 % auf 63 % geschätzt wird (was hoch gegriffen ist), war die Predigt für den überwiegenden Teil der Bevölkerung das wichtigste Medium für die modernen Ideen. Christian Gotthilf Salzmann (1744–1811) rühmt im Vorwort zu seiner Predigtsammlung die Kanzelredner als die einzigen, die dem leseunkundigen Volk in den Angelegenheiten des täglichen Lebens Rat und Hilfe gäben.

Hallbauer (1692–1750), außerordentlicher Professor der Theologie in Jena und herzoglich sächsischer Kirchenrat, hatte schon 1723 sein homiletisches Hauptwerk geschrieben

(*Nöthiger Unterricht / Zur Klugheit / Erbaulich zu Predigen zu Catechisieren und andere geistliche Reden zu halten. Nebst einer Vorrede von der Homiletischen Pedanterey*) und war darin gegen homiletische Kollectaneen und pedantisches Nachbeten zu Felde gezogen. In der *Teutschen Oratorie* faßt er seine Predigttheorie in 41 Maximen zusammen; die wichtigsten: „4) Die Texte sind nicht zu dem Ende verordnet, daß man sie weitläuftig erklären solle, sondern daß man daher Anlaß nehme, eine wichtige Glaubens-Lehre, oder eine nöthige Lebens-Pflicht abzuhandeln. 5) Wenn man selbst Texte erwehlet; soll man solche nehmen, die eine Glaubens-Lehre oder Lebens-Pflicht vortragen. Dabey man sich denn zugleich nach der Beschaffenheit der Zuhörer, der Zeit und übrigen Umständen zu richten hat. 15) Eine Predigt muß man aus eigener Meditation schreiben / nicht aus andern Schriften zusammen stoppeln. 18) Eine Predigt soll nicht lang, aber durch und durch erbaulich seyn [...]. 24) In der Erklärung richtet man sich nach dem Begriff des gemeinen Volcks. Critica und Philologica gehören hieher nicht. 36) Wer einfältig (erbaulich) predigt, predigt gelehrt; wer gelehrt predigt, predigt einfältig."

Der Sonderfall für die Homiletik des 18. Jahrhunderts ist die *pietistische Rhetorik*, die sich zwar in erklärter Opposition zur überlieferten Theorie und Praxis der Predigt ausbildete, deshalb aber nicht weniger rhetorische Züge aufweist. Zunächst scheinen die Glaubenssätze pietistischer Frömmigkeit jeder Rhetorisierung zu widersprechen: die Bezeugung des Glaubens in subjektiver Innerlichkeit, die Kirchenfeindlichkeit oder wenigstens -gleichgültigkeit, die Konzentration auf Seelengemeinschaft und Selbstentäußerung, Hingabe, Gelassenheit, innere Ruhe, ein auf innerer Übereinstimmung beruhendes Gemeinschaftsgefühl, das sich gleichwohl in Nächstenliebe und rastloser Tätigkeit verwirklicht. Auch die Selbstaussagen der führenden pietistischen Theologen sprechen für sich. Philipp Jacob Spener (1635–1705): „Die Göttlichen warheiten aber sind von solchem liecht und krafft / daß sie auch in ihrer einfalt vorgetragen selbst in die seelen eindringen / und ihre krafft nicht erst von menschlicher wolredenheit zu entlehnen bedörffen.“ Doch die scheinbar antirhetorische Tendenz erweist sich bei näherem Zusehen als bloße Verlagerung der rhetorischen Wirkungsintentionen. Wenn Spener als seinen Predigtzweck verkündet, dem „affectui animi [...] in sprach und gebärden allemal den zaum zu lassen / und also zu reden / wie mirs gerade diesmal ums hertz war / ohn einige affectation, daß die zuhörer warhafftig an mir den unterschied sehen / wie man einmal kälter / ein andermal erwärmter / ein mal freudig / ein andermal niedergeschlagener seye / und also immer von meiner gemüths bewegung / die sich in der rede treulich ausdrückete / urtheilen könten / und nicht in gezwungener gleichartigkeit erkennen müsten / daß es ein bloß studirtes werck seye / welches nachmal weniger afficirt“, wenn er also die Gemütsbewegungen, die der Ausdruck seiner religiösen Erfahrungen sind, durch deren wahre Darstellung in den Zuhörern hervorrufen und derart von Herz zu Herz wirken will, so beschreibt er nichts anderes als die emotionale Wirkungsweise des klassischen Redners. Denn die Emotionsdarstellung basiert nach rhetorischer Überzeugung auf den Affekten, die der Redner wirklich durch *visiones*, Phantasiebilder, in sich hervorgerufen hat.

4. Briefkunst

Die *Briefschreiblehre* ist seit der Antike eine rhetorische Kunst, und Korrespondenz bedeutet Dialog, „Gespräch von Freunden in Abwesenheit“ (Cicero, *Philippica* II, 4, 7), wie Cicero sagte. Daran änderte sich im 18. Jahrhundert nichts – im Gegenteil: die Behinderung öffentlicher Rede begünstigte ihre schriftliche Form. Das ist zwar nicht der einzige, aber doch der wichtigste politische Grund dafür, daß der Brief zur bevorzugten Ausdrucks- und Kommunikationsform des 18. Jahrhunderts wurde, ob es sich dabei um den artistisch simulierten oder den privaten Brief handelt. Frankreich lieferte mit seiner ausgeprägten Konversationskultur besonders günstige Voraussetzungen für die Briefliteratur, deren Rhetorik daher früh schon differenziert ausgebildet wurde. Jean Chapelain (1595–1674) empfiehlt gegenüber den schmuckreichen und hochstilisierten Briefen der Vergangenheit die einfache und spontane Äußerung, sie sollen ganz natürlich wirken und jede angestrengte Künstlichkeit vermeiden. Seine Berufung auf Cicero zeigt, wie rhetorisch auch dieses natürliche Briefstil-Ideal ist, changierend zwischen *stilus humile* und *stilus mediocre*. Mme de Sévigné (1626–1696) fordert Klarheit in Gedanken und Ausdruck, die dem Inhalt angemessene sprachliche Form und eine wie spielerisch wirkende Raffinesse. Im Laufe des 18. Jahrhunderts wird sich diese Tendenz zur *Natürlichkeit* noch verstärken. Der entsprechende Artikel der *Encyclopédie* konstatiert kurz und bündig: „Unsere modernen Briefe, die sich sehr von denjenigen unterscheiden, von denen wir gerade gesprochen haben, können für ihren einfachen, freien, familiären, lebhaften & natürlichen Stil gelobt werden." (Diderot, Lettres des modernes, in: *Encyclopédie*, Bd. 9, 413)

Die zunehmende Orientierung der Briefstellerei am natürlichen Sprachgebrauch bedeutet weder bei den französischen *epistoliers* noch bei den englischen Theoretikern und Schriftstellern wie Blair, Locke, Shaftesbury oder Harris eine Absage an die Rhetorik des Briefs, sondern ihre Anpassung an die neuen Erfordernisse der Zeit. Die Verbreitung dieser *neuen Brief-Rhetorik* geschieht nicht allein durch Briefsammlungen oder die fiktiven Briefessays, wie sie Locke oder Shaftesbury vorgelegt haben, sondern vor allem auch in den Moralischen Wochenschriften. Der Popularphilosoph Johann Joachim Eschenburg (1743–1820) hat mit seiner Briefdefinition implizit auch den Grund für die journalistische Beliebtheit dieser Prosaform angegeben. „Ein Brief ist eigentlich nichts anders, als die schriftliche Rede einer Person an eine andre von ihr abwesende Person gerichtet, und vertritt die Stelle der mündlichen Rede, die man an diese Person richten würde, wenn sie anwesend wäre. Der Briefwechsel ist folglich eine schriftliche Unterredung abwesender Personen." (Eschenburg, *Theorie und Literatur der schönen Wissenschaften*, 234) Er wird zu einer Unterredung zwischen Schriftsteller und Leser, wenn diesem die Rolle des Adressaten zufällt, da die Antwortbriefe ausgespart werden. Damit wird der Brief, ehemals Dokument und Zeugnis, zum didaktischen Kunstgriff, in dem die Wirkungsabsicht der aufklärerischen popularphilosophischen Prosa besonders deutlich zum Ausdruck kommt: den Leser in ein erhellendes Gespräch zu verwickeln, ihn zum aktiven Mitdenken zu bewegen, ihn derart zum „Selbstdenker" zu machen, wie das Sokrates (469–399 v.Chr.), auch darin das große Vorbild, bezweckt hatte. Für Gottsched war die Briefstellerei ein Sonderfall der Rhetorik und benötigte keine eigenen Regeln. Während er noch im *Grundriß zu einer Vernunfftmäßigen Redekunst* dem Brief eine besondere Erörterung widmet, wird er in der *Ausführlichen Redekunst* nur beiläufig als Exempel zitiert. Im übrigen empfahl er Benjamin Neukirchs (1655–1729) *Anweisung zu Teutschen Briefen* (1709), in welcher er schon manche seiner stilistischen Vorstellungen vorweggenommen sah. Wenn also seine rhetorischen Lehrschriften in der Geschichte der Epistolographie auch nur indirekt wirkten, ist ihr Einfluß für eine Neubestimmung des Briefstils entscheidend geworden. Vernünftige, regelmäßige Schreibart, Abstimmung der Stilhöhe auf den ständischen Rang des Adressaten, zwanglose Natürlichkeit, Deutlichkeit, Lebhaftigkeit, das sind die Forderungen, mit denen die späteren Briefsteller – allen voran Christian Fürchtegott Gellert (1715–1769) – die Kultivierung des brieflichen Ausdrucks im 18. Jahrhundert vollendeten: „Ich will einmal setzen, ein guter Brief muß natürlich, deutlich, lebhaft, und nach der Absicht der Sache überzeugend geschrieben sein. Wird nun wohl ein Insinuationsbrief eine andre Regel, als ein galanter, ein Freundschaftsbrief eine andere als ein vertrautes und geschäftliches Schreiben erfordern? [...] Wer gut schreiben will, der muß gut von einer Sache denken können. Wer seine Gedanken gut ausdrücken will, muß die Sprache in der Gewalt haben. Das Denken lehren uns alle Briefsteller nicht. Eine geübte Vernunft, eine lebhafte Vorstellungskraft, eine Kenntnis der Dinge, wovon man reden will, richten hier das meiste aus." (Gellert, *Gedanken von einem guten deutschen*

Briefe, 132f.) Mehr als auf die Theorie, auf feste Regeln und Muster setzt Gellert auf Nachahmung (*imitatio*) und praktische Übung. Die Analyse von guten und schlechten Beispielen (wie er sie in seiner *Praktischen Abhandlung von dem guten Geschmacke in Briefen* – 1751 – vorexerziert) und die bewußte Nachahmung der großen Vorbilder (er nennt etwa Cicero, Plinius, Seneca), das sind die besten Wege zu guten Briefen. Oberste Maxime freilich: Der Brief vertritt „die Stelle einer mündlichen Rede, und deswegen muß er sich der Art zu denken, die in Gesprächen herrscht, mehr nähern, als einer sorgfältigen und geputzten Schreibart." (ebd. 137) So weit wie Gellert in der Forderung nach einem natürlichen, doch weiterer Regeln nicht bedürftigen Briefstil mochte kaum einer der späteren Theoretiker gehen, die Bedürfnisse des Alltags und die überlieferten Briefkonventionen erwiesen sich insgesamt als stärker. Auch in den Rhetorik-Lehrbüchern findet man später meist wieder differenziert entfaltete Briefstil-Lehren. Der Brief wurde (und darin liegt besonders Gellerts großes Verdienst) zum Medium des Individualstils und entfaltete vor allem in der Empfindsamkeit (nach Richardsons und Rousseaus Beispiel) seine ganze literarische Wirksamkeit.

5. Rhetorik und Poetik

Zu den hartnäckigen Vorurteilen der Literaturgeschichte, die von Generation zu Generation weitergereicht wurden, zählt die Auffassung, die Stillehre des 18. Jahrhunderts feiere geradezu ihren Abschied von der Rhetorik. Plausibel erscheint diese These, weil sich Poetik und Stilistik ganz offensichtlich in Opposition zu der schmuckvollen, wortreichen, gesuchten und auch pathetischen Rede- und Schreibweise der vergangenen Epoche weiterentwickelt haben und der ornamentale Stil des 17. Jahrhunderts in den poetologischen Schriften der Epoche selber oft kurzerhand als „rhetorisch" qualifiziert wurde. Doch handelt es sich dabei – nach genauerem und informiertem Zusehen – lediglich um einen Strukturwandel, der die Zuständigkeit der Rhetorik keineswegs in Frage stellte. Das

Gegenteil ist richtig. Zunächst muß man nämlich wissen, daß das jetzt bevorzugte Stilideal der mittleren, natürlichen Redeweise direkt rhetorischen Ursprungs ist. Wieder war es ein Franzose, Charles Rollin (1661–1741), der die Mittler-Rolle für die gesamte Aufklärungsstilistik spielte: seine Empfehlung des mittleren Stils (*genre tempéré*), der auch in Deutschland alle Autoren von Gottsched bis Adelung und von Hallbauer bis Gellert mitunter geradezu enthusiastisch folgten, verdankt sich seiner Lektüre der römischen Rhetorik-Lehrbücher, insbesondere der *Institutio oratoria* Quintilians, aus der er die Regeln für eine verständige Deutlichkeit, sparsamen Schmuck und natürlichen Ausdruck übernahm. Diese stilistische Übereinkunft ist allgemein und grenzüberschreitend, sie zeigt, daß das Bemühen um eine muttersprachliche Rhetorik zwar auf die Entwicklung und Verfeinerung der jeweiligen Nationalsprache und die sprachliche Einbürgerung der rhetorischen Terminologie von großem Einfluß war, daß aber die Prinzipien selber nicht oder nur unwesentlich davon berührt wurden. In Deutschland sind es Gottsched und seine Schüler, die dieses Stilideal wirkungsmächtig kodifizieren, womit die von Thomasius bis Peucer und Hallbauer entwickelte Tendenz zum allgemeinen Schulfall wird. Die gute Schreibart „muß 1) deutlich, 2) artig, 3) ungezwungen, 4) vernünftig, 5) natürlich, 6) edel, 7) wohlgefaßt, 8) ausführlich, 9) wohlverknüpft und 10) wohlabgetheilet seyn." (Gottsched, *Ausführliche Redekunst*, 326) Diesem Stilideal entsprechend wird der Redeschmuck (*ornatus*) auf einen moderaten Gebrauch zurückgeführt. „Insonderheit ist es nöthig, daß man mit denen tropis und figuren, vernünftig umzugehen wisse, und selbige nicht ungeschickt austheile." (Fabricius, *Philosophische Oratorie*, 233) Friedrich Andreas Hallbauer geht dann sogar soweit, die Figurenlehre für überflüssig zu erklären, weil der Schmuck als natürliche Folge aus den Affekten selber hervorgehe. Trotz der Schwulstkritik und des Stilideals einer verständlichen und klaren, zwar lebhaften, doch nur mäßig geschmückten Ausdrucksweise, die alle Extreme meidet und mit dem antiken mittleren Stil (*stilus mediocris*) so ziemlich zusammenfällt, verschwindet aber die alte Dreistillehre nicht, die einen niedrigen, einfachen, an der Alltagsrede orientierten, ungeschmückten Stil für profane Gegenstände und die Lehrabsicht vorgesehen, einen mittleren, mäßig geschmückten Stil für Themen von mittlerer Bedeutung und zum Unterhaltungszweck bestimmt und schließlich einen hohen, mit Tropen und Figuren reich geschmückten Stil den großen, erhabenen Gegenständen und der Leidenschaftserregung reserviert hatte.

Wenn die Theoretiker in der Einschätzung der Dreistillehre auch schwanken, stimmen sie doch darin überein, Beredsamkeit und Stiltheorie zu differenzieren und die Formulierung (*elocutio*) als eine Sache des Talents und eine Qualität der Gedanken selber zu betrachten, die durch jede darüber hinausreichende stilistische Anstrengung nur verschlimmbessert werden kann. Die *elocutio* sei die Schule der Beredsamkeit, heißt es unter dem entsprechenden Stichwort in der *Enzyklopädie*, doch dürfe man sie nicht mit dieser selber verwechseln, und Johann Gotthelf Lindner schlägt als neue Gliederung der rhetorischen Aufgabengebiete vor: „Man kan indeßen, um die ganze Prose zusammen zu faßen, die Beredsamkeit eintheilen 1) in das Äußerliche oder den Ausdruck 2) in das Innerliche oder Erfindung und Anlage der Gedanken." (Lindner, *Kurzer Inbegriff der Ästhetik*, Bd. 2, 24) Die Zweiteilung bildet schon das spätere Auseinanderfallen von Rhetorik und Stilistik vor, das zudem durch eine wachsende Tendenz zur Verselbständigung der Poetik verstärkt wird. Auf der einen Seite subsumiert das aufklärerische System der Schönen Künste und Wissenschaften Beredsamkeit und Dichtkunst noch gemeinsam unter dem Oberbegriff der redenden Künste, auf der anderen Seite entfernt sich die Poesie von der Rhetorik immer mehr, und die Poetik erhält ein Eigengewicht. Das heißt nichts anderes, als daß die Lehre vom Redeschmuck, von den Tropen und Figuren, von der poetischen Wortwahl, den Perioden und ihren Zieraten, dem Wohlklang und seinen Maßen mehr und mehr von der Rhetorik auf die Poetik verlagert und schließlich zu einer poetischen Stilistik ausgebildet wird, die ihre Herkunft aus der Rhetorik möglichst vergessen machen will. „Wie nun die gebundene Schreibart eher, als die ungebundene ins Geschick gebracht worden: also können wir auch den Wohlklang der Poesie nicht von dem Wohlklange der Redner herleiten." (Gottsched, *Critische Dichtkunst*, 378) Solche Autonomietendenzen, die der traditionellen Bestimmung der Poesie als gebundener Rede widersprechen, ändern freilich nichts am rhetorischen Charakter der Poetik und des Dichters (*poeta rhetor*). Daß Gottsched seiner *Critischen Dichtkunst* Text und Übersetzung von Horaz' (65–8 v.Chr.) *De arte poetica* voranstellt, ist programmatisch zu verstehen, und bis zum Ende des Jahrhunderts bleibt die Dominanz der Rhetorik auf poetologischem Gebiet erhalten. Das gilt auch für den vorromantischen *Irrationalismus*, also alle jene Geistes- und Kulturtendenzen, die auf den Grundpfeilern der antiken Rhetorik, Ethos und Pathos, fußen, für deren Entwicklung also besonders die rhetorische Affektenlehre bedeutsam wurde und die in Pseudolongins rhetorischer Lehrschrift *Vom Erhabenen* ihre wichtigste Berufungsinstanz gefunden haben. Von hier zweigt die ganze Diskussion über das Schöne und Erhabene, über Anmut und Würde und über die sympathetische Wirkung der Gefühlsrede ebenso ab wie etwa die Leidenschaftsästhetik von John Dennis (1657–1734) oder die Betonung des Wunderbaren, Phantasievollen und Neuen in der Poesie, durch welche die Schweizer Bodmer und Breitinger *Empfindsamkeit* und *Geniebewegung* vorbereiteten. Der Dichtungsbegriff selber folgt rhetorischem Verständnis, wenn er, wie etwa bei Gottsched, mit der beispielhaften Veranschaulichung einer moralischen Idee die *docere*-Funktion der poetischen *persuasio* weiterführt oder wie bei Ludovico Antonio Muratori (1672–1750) oder den Schweizern Bodmer und Breitinger im Anschluß an die *movere*-Funktion die rhetorisch-psychologische Wirkung von Dichtung auf den Gefühlsbereich hervorhebt.

Beherrschend bleibt in der Poetik auch nach 1750 die rhetorische Kategorie des Wirkungszwecks, ob er nun mehr mit einer moralpädagogischen Zielsetzung oder mit emotionaler Rührung erreicht werden soll.

Der Roman, der erst zögernd als neue, gleichberechtigte Gattung in das traditionelle System der Poetik aufgenommen wird, untersteht zunächst als Form der ungebundenen Rede besonders augenfällig rhetorischem Einfluß. Louis de Jaucourt (1704–1779) erklärt den Erfolg der Romane einerseits mit den Leidenschaften, die sie schildern, und zum anderen mit der Emotion, die sie hervorrufen. Von Pierre Daniel Huets (1630–1721) *Traktat über den Ursprung des Romans* (1682) bis zu Christian Friedrich von Blankenburgs (1744–1796) *Versuch über den Roman* (1774) und darüber hinaus wird diese Prosaform als mittelständisch-bürgerliche Epopöe verstanden, die durch Vergnügen ihre Leser unterrichten soll, womit sie, wie die anderen Gattungen auch, dem rhetorischen *docere* und *delectare* verpflichtet wird.

6. Die Rhetorik und die Künste

Seit Aristoteles ist der Einfluß der Rhetorik auf die Kunsttheorie und die philosophische Reflexion des Schönen von Anfang an aufklärender Art, das Kunstwerk Produkt eines rational faßbaren Herstellungsprozesses, der Künstler ein Artist, der seine Produktion bewußt und theoriegeleitet ins Werk setzt und damit eine ganz bestimmte Wirkungsintention verbindet, die analog zum rhetorischen Wirkungsschema nach dem Muster von Belehren, Unterhalten und Bewegen beschrieben wird. Die übliche Personalunion von Dichter und Lehrer der Beredsamkeit, Verfasser von Dramen und Verfasser von theoretischen und rhetorischen Schriften, wie man sie bei Diderot oder Voltaire, Gottsched oder Lessing, Dryden, Pope oder Muratori findet, verweist auf eine Kunsttheorie, die im Wandel des Arbeitsbegriffs das bürgerliche Emanzipationsstreben reflektiert und derzufolge auch Kunst keine exklusive und göttlicher Inspiration zu dankende Tätigkeit darstellt, sondern lernbar ist und der Dichter zugleich als gelehrter Mann auftritt: Kunst ist das Können von Kunst. Daran ändert auch Baumgartens Begründung der Ästhetik (die *Aesthetica* erschien 1750/58 in zwei Bänden) nichts, deren überwiegende Abhängigkeit von der rhetorischen Tradition sich inzwischen erwiesen hat. Doch betreten wir an dieser Stelle immer noch Neuland, denn der Einfluß der Rhetorik auf die Theorie der speziellen Künste ist erst in wenigen Ansätzen erforscht. Der Bann, den die idealistische Ästhetik des 19. Jahrhunderts über die Rhetorik verhängt hat, wirkt sich bis heute aus und hat dazu geführt, daß fast die gesamte Forschungsliteratur über die neuzeitliche Kunst-, Architektur- und Musiktheorie von falschen Voraussetzungen ausgeht und nur eingeschränkt brauchbar ist. Das verwundert um so mehr, als die Zuständigkeit der Rhetorik als der für alle Künste grundlegenden Produktionstheorie, die damit auch für die Auslegung der Werke unverzichtbare Voraussetzung ist, in allen kunsttheoretischen Schriften spätestens seit Aristoteles ausdrücklich wird. Das gilt für die ästhetischen Prinzipien ebenso wie für die Systematiken und die Terminologien. Auch die Platonische Philosophie hat diese Vormachtstellung nicht ernsthaft gefährden können. Im Gegenteil hat man zeigen können, wie der auch von Platon (427–347 v. Chr.) verwendete Begriff der Nachahmung, „Mimesis", gerade in seiner Vieldeutigkeit die Unterschiede zwischen den Kunstgattungen Malerei und Dichtung einebnete. Aristoteles wird in seiner *Poetik* gleichfalls Mimesis als grundlegendes gattungsübergreifendes künstlerisches Prinzip bezeichnen, in dem Epos, Tragödie, Komödie und Dithyrambendichtung ebenso wie Flöten- und Zitherspiel, die Tanzkunst oder die kunstgemäße „Übung in Farben und Formen" (die Malerei also) zusammenkommen. (Aristoteles, *Poetik*, 1, 1447a14) Als unterscheidende Merkmale gelten ihm die Darstellungsmittel: Sprache, Rhythmus, Melodie, Form und Farbe, doch sind sie gegenüber der auf dem Nachahmungsbegriff basierenden Grundkonzeption nicht von wirklich wesentlicher Bedeutung. Nun gehört zwar die Rhetorik nicht zu den mimetischen Künsten, auch wenn sie mimetische Techniken als Instrumente benutzt und in der Festrede der mimetischen Absicht der Dichtung nahekommt, doch schon Horaz hat dieses bereits ursprünglich so unsichere Unterscheidungsmerkmal durch

Einführung eines rhetorischen Nachahmungsbegriffs weiterhin neutralisiert. *Imitatio* wird von ihm zweifach, als Nachahmung eines lebendigen Vorbilds im „sittlichen Wandel" (Horaz, *Ars poetica*, 317) und als Nachahmung literarischer Muster, aufgefaßt.

Diese beiden Möglichkeiten bestimmen auch seine so wirkungsmächtig gewordene Formel für die grundsätzliche Vereinbarkeit von Dichtung und Malerei: „ut pictura poesis" (ebd. 361), wie ein Bild sei das Gedicht. Die Formulierung vermochte sich theoretisch zu verselbständigen, weil sie auf eine ältere Idee aufgetragen erschien, deren erste Fassung Simonides von Keos (556–468 v. Chr.) zugeschrieben wurde: daß nämlich Dichtung ein sprechendes Bild und das Bild eine schweigende Dichtung sei. Die Idee entwickelte ein mächtiges Eigenleben, und das Bild wurde in seiner Bedeutungsvielfalt zum Schnittpunkt für die einheitliche Betrachtung der Künste. Wobei sich drei Hauptperspektiven in den rhetorischen und poetischen Lehrwerken unterscheiden lassen.

Erstens das gemalte oder das beschriebene Abbild, wobei beide sich wie *poiëtische* und *rhetorische mimesis* zueinander verhalten. Der Bildbeschreibung (*ekphrasis*) steht wie den Bildern der Maler selber bei der Handlungsvorstellung ein Arsenal fester Formen der Mimik, Gestik, Körperhaltung und Raummodellierung zur Verfügung, die für die rhetorische Aktion entwickelt oder aus der Schauspielerausbildung übernommen wurden. Damit avancierte die körperliche Beredsamkeit zu einem besonders augenfälligen Bindeglied von Rede-, Bild- und Bühnenkunst, das die Projektion auf den gesellschaftlichen Umgang noch verstärkte.

Die zweite Perspektive öffnet den Blick auf den psychologischen Begriff einer in Bildern denkenden Seele, die auf Aristoteles zurückgeht und der rhetorischen Lehre von der Imagination und Einbildungskraft zugrunde liegt. In Bildern (*imagines*) nämlich, so Quintilian, vergegenwärtigen wir uns Abwesendes und Vergangenes, und die bildliche Vergegenwärtigung ist es dann auch, die die stärksten Gefühlswirkungen hervorbringt. Memorative Bilder spielen sowohl für die emotionale Wirkung der Rede selbst wie auch im vierten Produktionsstadium der Rede, in dem es um das Einprägen des Redeablaufs geht, eine dominierende Rolle.

Die dritte Weise der Verschränkung von Bild und Poesie bezieht sich auf das stilistische Verfahren, das Phantasiebilder (*phantasiai* oder *visiones*) hervorruft und in der rhetorischen Figurenlehre systematisiert wurde. Das rhetorische Verständnis der Figuren als Sprache der Gefühle, wobei die Tropen in hervorgehobener Weise als affekterzeugende Bildfiguren (die man im Mittelalter synkretistisch „colores rhetorici" nannte) verstanden wurden, reicht bis zur Aufklärung. Die *Figurenlehre* ist auch ein besonders ausgezeichnetes Bindeglied zwischen sprachlicher, musikalischer und bildlicher Rede: unter dem Begriff der *figura musica* betrachtet man Tropen und Figuren ganz analog zur rhetorischen elocutio, Bild (Sinnbild), Metapher, Allegorie und Symbol fungieren auch als malerische Tropen.

Die Verpflichtung des rhetorischen Kunstwerks auf die *persuasio* und des poiëtischen Kunstwerks auf die Mimesis wirkt nur auf den ersten Blick als schroffe Distanzierung und hat die Herausbildung auf einen gemeinsamen Zweckbegriff nicht verhindert. Schon der Aristotelische Nachahmungsbegriff ist ja nicht auf die bestehende Wirklichkeit fixiert, sondern zielt vielmehr auf die Nachahmung einer möglichen Wirklichkeit, gestattet also die Abweichung zum Besseren oder Schlechteren hin – je nach der Absicht des Dichters, entweder ein ideales Vorbild oder ein abschreckendes Negativbild zu zeichnen. Damit ist die Ansatzstelle zu einer rhetorischen Wirkungsästhetik gegeben, die – basierend auf der Trias von Sache (*pragma*), Charakter (*ethos*) und Leidenschaften (*pathos*) bzw. Belehren (*docere*), Unterhalten (*delectare*) und Bewegen (*movere*) – die Künste in Europa bis in die Neuzeit hinein beherrscht. Wirkungssteigerung und Persuasion bestimmen die Absicht der Festzüge der Renaissance, der Triumphzüge des Barock, der höfischen „Intermedien" und der Oper, in der sich Gefühls- und Bildüberschwang der Texte mit musikalischer Gefühlsstimulierung wechselseitig steigerten. Nicht anders die Raumkünste, die Werke der Architektur, Malerei und Plastik, die in Kirchenbauten, in Schloß- und Parkanlagen, aber auch in ganzen Stadtentwürfen auf eine ästhetische Gesamtwirkung hin realisiert wurden und auf repräsentative Totalwirkung angelegt sind. Buchmalerei, Literaturillustrationen, Figurengedichte belegen den engen Zusammenhang von Literatur und Malerei. Wie sehr es auch in diesen Fällen nicht allein auf didaktische Ziele, sondern auf affektsteigernde Wirkung abgesehen war, belegt die Historienmalerei mit ihrem Pathos. Das Band einer einheitlichen rhetorischen Produktionstheorie war den Werken immer schon immanent, brauchte anhand ihrer ebensowenig thematisiert zu werden wie bei der theoretischen Reflexion, die uns in den Lehrbüchern bis zum 18. Jahrhundert überliefert ist.

Auch in der Aufklärung findet die Reflexion über die Voraussetzungen und den praktischen Vollzug der Künste zunächst noch in dem traditionellen Rahmen rhetorischer Theoriebildung statt, also entweder in den Rhetoriklehrbüchern oder in speziellen Abhandlungen, die oft von denselben Verfassern stammen oder sich jedenfalls selbstverständlich in die rhetorische Tradition stellen. Leon Battista Alberti (1404–1472) und Andrea Palladio (1508–1580) bleiben die Autoritäten der Architekturtheorie, Perrault übersetzt und kommentiert das klassische Werk Vitruvs aus dem 1. Jahrhundert v. Chr. (*Die zehn Bücher über die Architektur von Vitruv, korrigiert und neu ins Französische übersetzt, mit den Anmerkungen und Figuren*, 1673) und bestimmt damit den Diskussionsrahmen in Europa. Die Malerei-Theorie entwickelt sich in dem Spannungsfeld, das die Horazische *ut-pictura-poesis*-Formel eröffnet, macht sich die *eloquentia corporis*, die Körperberedsamkeit, zunutze, und Roger de Piles (1635–1709) bringt unter dem Einfluß Pseudolongins das akademische Lehrgebäude ins Wanken. Nicht anders die Erneuerung der musikalischen Rhetorik; sie geschieht direkt unter Gottscheds Ägide, dessen Lehrbücher Leopold Mozarts (1719–1787) *Gründliche Violinschule* ebenso beeinflußt haben wie die für die Musiktheorie des 18. Jahrhunderts grundlegenden

Werke von Johann Mattheson (1661–1764) und Johann Adolf Scheibe (1708–1776), der in Leipzig bei Gottsched studiert hatte.

Konsequenterweise bestimmt auch die rhetorische Begrifflichkeit die Terminologie der speziellen Kunsttheorien. Die Bezeichnungen für die bildende Kunst als „redende Malerei" (De Piles, *Cours de peinture par principes*, 427), dem antiken Verständnis folgend: „man nennt allgemein die Malerei eine stumme Poesie und die Poesie eine redende Malerei" (de Piles); für die Architektur als „redende Architektur"; für die Musik als „Klang-Rede" (Mattheson, *Capellmeister*, 180), pointieren die Perspektive einer grundsätzlichen Verwandtschaft der Künste in ihrem rhetorischen Charakter. Der gemeinsame rhetorische Nenner gestattet es auch, Verbindungslinien untereinander zu ziehen, also etwa, wie Charles-Etienne Briseux (1660–1754) es tut, zwischen Architektur und Musik. Gabriel Germain Boffrand (1667–1754) gründet sogar das ganze System seiner Architekturtheorie auf die *Ars poetica* des Horaz (*Grundsätze gezogen aus der Poetik des Horaz*), um das Gebäude als Ausdrucksträger unter dem Aspekt ihrer Wirkung beschreiben zu können. Auch die Erneuerung des Ideals des gelehrten Künstlers (*pictor doctus*), das seit Alberti die Kunsttheorie bestimmt, wird mit neuem Leben erfüllt. Auf allegorischen Darstellungen erscheint der Maler in Gesellschaft Minervas (Weisheit) und Merkurs (Beredsamkeit).

Aus der Wechselbeziehung zwischen Text und Bild entwikkelt sich die Illustrationskunst zu einer neuen Höhe. Die Kupferstichromane von William Hogarth (1697–1764) (*Der Weg der Buhlerin*, *Der Weg des Liederlichen*), die Bildergeschichten Rodolphe Toepffers (1799–1846) (*Le docteur Festus*, *Histoire de M. Crépin*) oder Daniel Nikolaus Chodowieckis (1726–1801) Monatskupfer sind erfolgreiche Zeugnisse künstlerischer Grenzüberschreitung. Die wortlosen Mittel der Rhetorik, Körperhaltung, Gebärden, Mimik, die dem Bereich der *actio* zugehören, werden für die Bilderzählung reklamiert und garantieren über die derart rhetorisch geprägte Affektdarstellung auch die emotionale Wirkung der Kunst. Mattheson überträgt in seinem *Vollkommenen Capellmeister* (1739) sowohl die rednerischen Produktionsstadien von der *inventio* bis zur *actio* als auch die Redeteile vom *exordium* über *narratio, propositio, confutatio, conformatio* bis zur *peroratio* auf die Musik. Auch Johann Nikolaus Forkel (1749–1818) gliedert seine Musiktheorie (*Einleitungsschrift zu musikalischen Vorlesungen – Über die Theorie der Musik, insofern sie Liebhabern und Kennern notwendig und nützlich ist*, 1777) in fünf Teile: 1. Musikalische Prosodie, 2. Musikalische Schreibarten, 3. die verschiedenen Musikgattungen, 4. die Einordnung musikalischer Gedanken, nebst der Lehre von den Figuren, 5. Vortrag oder Deklamation der Tonstücke. Gemeinsam ist allen Reflexionen über Wesen und Funktion der Künste der Ausgang von der Wirkungskategorie und die Ausrichtung nach dem rhetorischen Wirkungsschema von Nutzen und Vergnügen, wobei sich freilich die Gewichte verschieben können. Die Musiktheorie betont vor allem die Affektwirkung, und Mattheson fordert, daß „wir uns bey einer ieden Melodie eine Gemüths=Bewegung [...] zum Haupt=Zweck setzen müssen" (Mattheson, *Capellmeister*, 145). Philipp Emmanuel Bach (1714–1788) ergänzt im Sinne Matthesons und rhetorischer Tradition folgend: „Indem ein Musickus nicht anders rühren kan, er sey dann selbst gerührt; so muß er nothwendig sich selbst in alle Affecten setzen können, welche er bei seinen Zuhörern erregen will" (Bach, *Wahre Art das Clavier zu spielen*, 1. Teil, 122). Auch die Malerei wird derart vor allem auf die emotionale Wirkung festgelegt, die Theoretiker widmen daher der Affektdarstellung durch Mimik und Gebärden erhöhte Aufmerksamkeit.

In der Architekturtheorie liegen die Verhältnisse anders. Die Trias von Dauerhaftigkeit, Brauchbarkeit und Zierlichkeit bzw. Schönheit strukturiert alle Überlegungen über den Wirkungsbezug der Architektur in der Aufklärung. Man konnte sich dabei auf Palladio oder Vitruv berufen, und die Fixierung der Architektur auf den Nutzen hat denn auch Theoretiker wie Abbé Batteux (1713–1778) die Baukunst mit der Rhetorik zusammen in eine Kunst-Klasse einordnen lassen. Betrachtet man die Entwicklung der Architektur unter der Perspektive ihrer Wirkungsintention in der Aufklärung, so erkennt man eine Verschiebung in dem Wechselverhältnis von Funktionalität und Ausdruckswert. Perrault läßt die Schönheit des Baus noch von seiner Zweckbestimmung abhängen (und erregt damit den Widerspruch der klassizistischen Akademiker), doch Etienne Louis Boullée (1728–1799) wird die Bauformen dann „ausschließlich nach dem Gesichtspunkt [beurteilen], welche Gefühle sie in dem Menschen auszulösen vermögen" (Hernandez, *Ideengeschichte der französischen Architekturtheorie*, 57), und Franz Ludwig von Cancrin (1738–1812) wird gegen Ende des Jahrhunderts einerseits die „Übereinstimmung der Zierlichkeit mit der Schönheit der Gebäude" fordern und andererseits sein Augenmerk den „Bauzierrathen" widmen, „womit man die Gebäude verziert" (Cancrin, *Grundlehren der bürgerlichen Baukunst*, 296). Derart rückt jener Teil der *elocutio* in den Mittelpunkt des Interesses, der für den Schmuck der Rede (*ornatus*) verantwortlich ist und die Tropen und Figuren behandelt. Es sind dieselben rhetorischen Kategorien, nach denen die Architekturtheorie die Gebäudeverzierung ausgerichtet sehen will. Sie soll „nach denen Regeln des Wohlstandes, der Schönheit, der Symmetriae, Disposition, Ordonnance, Proportion, Gusto, Kunst und invention des Architecti sich richten" (Schübler, *Civilbaukunst*, V). Doch auch der Bau selber hat schmückende Funktion. Boullée benutzt Pyramiden, Kegel und Kugel als sinnbildliche Formen, er spricht vom Pathosgehalt, vom Eindruck der Unendlichkeit, und die Kugel ist ihm der Inbegriff des Idealbaus, weil sie Vollkommenheit suggeriert, die auf den Menschen eine unbegrenzte Macht ausübt.

Die Musiktheorie vollends hat die gesamte Figurenlehre der Rhetorik beerbt und sie unter dem Begriff *figura musica* ganz analog zu den rhetorischen Figuren betrachtet. Das gilt auch für die praktischen Musikwerke des 18. Jahrhunderts, und von Bach bis Haydn und Mozart zeigen auch die großen Komponisten eine umfangreiche Figurenkenntnis. Johann David Heinichens (1683–1729) Generalbaßschule arbeitet ganz selbstverständlich mit Begriffen wie *retardatio*, und Mattheson betont z.B. den „figürliche[n] Gebrauch bey den Dissonantzien" (Mattheson, *Capellmeister*, 331). Eine regulierende Funktion für den musikalischen, bildnerischen oder architektonischen *ornatus* spielt das *aptum/decorum*, die rhetorische Kategorie der Angemessenheit. Ob Louis Testelin (1615–1655) vom Künstler verlangt, daß alle Teile eines Bildes so zusammenstimmen müssen, daß eine wahre und angemessene Vorstellung im Betrachter zustande komme, oder der Architekt schon bei seinem Entwurf nach der *convenance* (Angemessenheit, z.B. an die gesellschaftliche Stellung des Bauherrn) sich zu richten hat: in der ein oder anderen Weise kehren die rhetorischen Tugenden der inneren und äußeren Angemessenheit in allen Kunsttheorien wieder.

II. Rhetorik im 19. Jahrhundert

1. Verfall der Beredsamkeit

„Können wir Deutsche von Beredsamkeit sprechen, nachdem längst aller höhere Verkehr bei uns stumm und schriftlich, oder in einer auswärtigen Sprache getrieben wird? – Wenn die gesamten Staatsgeschäfte einer Nation mit der Feder abgemacht werden; wenn alle größeren Geister, welche sich in ihr regen und sie ergreifen oder hoch berühren wollen, statt der Rednerbühne einen Schreibtisch bereitet finden; wenn die heiligsten und erhabensten Ideen niemals mit der Gewalt, welche die Natur in die Brust des Menschen und in seine Stimme legte, unmittelbar an das Herz der Nation schlagen können; endlich, wenn in der höheren Gesellschaft, wenn da, wo sich alle besonderen Sitten der Nation in eine einzige Sitte vereinigen, wo sich aus unzähligen Beschränkungen und Rücksichten nun die eigentümliche, vaterländische Grazie des Lebens, des Umgangs und der Mitteilung ergeben soll; wenn in der Gesellschaft, da – wo nun endlich alles Vorlaute zur Ruhe gebracht ist, wo niemand reden darf, der nicht zu hören versteht, wo also Schicklichkeit und Anstand nun endlich eine wahre Schule der Beredsamkeit eröffnet hätten – wenn da die Sprache des Landes verdrängt ist von einer fremden, wo sollen die Redner herkommen?“ (Müller, *Zwölf Reden*, 5f.)

Gleich in der einleitenden Vorlesung seiner *Zwölf Reden über die Beredsamkeit und deren Verfall in Deutschland*, die Adam Müller (1779–1829) am 15. Mai 1812 im Wiener k. k. Redoutensaal hielt, beginnt die pessimistische Diagnose. Der romantische Philosoph, ein Freund Heinrich von Kleists (1777–1811) und Friedrich Gentz' (1764–1832), ein Parteimann Metternichs und schillernder Charakter, war selber ein hinreißender Redner. Wie sehr ihm die Rhetorik am Herzen liegt, wird aus jedem Satz spürbar und verleitet ihn sogar dazu, das demokratische England ganz entgegen seinen eigenen politischen Gesinnungen als rhetorisches Vorbild zu preisen – ganz im Sinne des alten, schon antiken Gemeinplatzes von der

Zusammengehörigkeit von Rhetorik und Republik. Die kritische Bestandsaufnahme der deutschen Verhältnisse macht auch vor keiner Autorität halt. Leblos und stumm sei die deutsche Literatur, konstatiert er, die wissenschaftliche wie die schöne Literatur gleichermaßen (nur eine Ausnahme läßt er zu: Friedrich Schiller), dann spricht er von der Dominanz der Innerlichkeit in der Philosophie, vom fehlenden Publikum, der eingeschränkten Öffentlichkeit, der unzureichenden Geschmacksausbildung, der Staatsverfassung, die keine politische Debatte, keine parlamentarische Entscheidungsfindung zulasse. In den meisten Fällen greift Müller auf Argumente zurück, die in der Rhetorikgeschichte wohlbekannt und durch die Jahrhunderte gewandert sind. Wenn Platon, später Quintilian oder Tacitus (etwa 55–116/20 n.Chr.) den Niedergang der Rhetorik beklagten, klingen sie kaum anders, und auch die positive Gegenthese, die Begründung einer neuen Rhetorik, vereint diese Reformer über die Epochen hinweg. Ganz aus der Ideologie seiner romantischen Zeitgenossen heraus, die sich durch die Rückkehr in den Schoß der (katholischen) Kirche zu salvieren suchten, empfiehlt Adam Müller als Antidot gegen den Verfall der Beredsamkeit ihre Allianz mit dem Glauben: er selber war schließlich schon 1805 zum Katholizismus konvertiert. „Diese Vorlesungen aber haben gehandelt von der christlichen Beredsamkeit: alles andre, was wir vorbereitend beibringen mußten, war nur Gerüst [...]. (Müller, *Zwölf Reden*, 163) Wie immer diese Wende zu verstehen ist, mit der Müller schließlich einen beträchtlichen Teil seiner gerade gehaltenen Reden entwertet – rhetorisch bekräftigt sie die Misere, die er vorher beklagt hat. Doch was man sehr deutlich aus seinen Thesen, seinen Ausführungen und zuletzt seinen Vorkehrungen heraushören kann, gibt zu wenig Optimismus Anlaß und wirkt manchmal wie der Abgesang auf längst vollendete Tatsachen, die zudem in der Wissenschaftsgeschichte bereits kodifiziert wurden. Doch im Gegensatz zu der bislang so allgemein akzeptierten These vom Ende der Rhetorik im 19. Jahrhundert kommt die neuere Forschung aufgrund von genaueren bildungs- und institutionsgeschichtlichen Untersuchungen immer mehr zu der Ansicht, daß vielleicht keine Revision, aber doch jedenfalls eine Differenzierung jener Niedergangsdiagnose fällig ist.

Unumstößlich bleibt zunächst gewiß die Tatsache, daß die Rhetorik seit Anfang des Jahrhunderts sehr schnell ihren wissenschaftlichen Einfluß verlor. Die ihr gewidmeten Lehrstühle, oftmals schon zuvor mit Moral, Historie oder Poesie kombiniert, wurden nun auf diese einstigen Zusatzbeschreibungen eingeschränkt, auch anderen Disziplinen wie der Philosophie zugeschlagen oder in Ordinariate für die nationalsprachlichen Philologien (besonders die Germanistik), für Ästhetik und die alten Sprachen umgewandelt. Auf der anderen Seite blieben selbst in der Universitätsausbildung rhetorische Inhalte mitunter sehr weitgehend erhalten: in der Stilistik, in den Vorlesungen über die schönen Wissenschaften und Künste, in praktischen Schreib- und Redeübungen. Altphilologie, Ästhetik und Poetik (z.B. Wilhelm Scherers (1841–1886) *Poetik*, posthum 1888 erschienen) überlieferten weiterhin rhetorisches Wissen. Auch in der außerhalb der Universitäten stattfindenden theoretischen Reflexion, die über die Einzeldisziplinen hinausreichte, bleiben rhetorische Positionen erhalten, und das mitunter auf einer Reflexionshöhe (man denke an Friedrich Schlegel [1772–1829] zu Anfang und Friedrich Nietzsche [1844–1900] am Ende der Epoche), die dem Vergleich mit der antiken oder humanistischen Rhetorik durchaus standhält. Angesichts dieses Sachverhalts liegt es nahe, statt von einem Verfall oder Niedergang der Rhetorik genauer von einem Übergangsprozeß zu sprechen, womit die angedeuteten Transformationsphänomene gewiß besser beschrieben sind, als es die These vom Traditionsabbruch vermag. Hinzu kommt, daß die Phänomene, für welche die Rhetorik die zuständige Theorie darstellte und die von keiner anderen Disziplin adaptiert wurden, im 19. Jahrhundert an Bedeutung sogar noch gewonnen haben, denn es ist nicht nur das Zeitalter des Liberalismus, sondern auch der Massenorganisation, nicht nur die Epoche der *L'art-pour-l'art-Ästhetik*, sondern auch der Propaganda und zweckgerichteten Presseinformation. Das politische Leben ist selbst in Deutschland nicht allein auf den Kompromiß der sozialen Interessen, sondern ebenso auf Parteibildung und Auseinandersetzung der Programme gerichtet, im kulturellen Bereich entwickeln sich Formen der Repräsentation, die auf Eindruck und Überwältigung zielen, und ein pragmatischer, auf Nützlichkeit und Parteiinteresse setzender Bildungsbegriff dominiert in den Erziehungsinstitutionen. In der Tat: „Welche Widersprüche sind in dieser Epoche beschlossen! Widersprüche, an denen wir noch zu tragen, die wir noch auszutragen haben." (Sternberger, *Gerechtigkeit für das 19. Jahrhundert*, 17) Denn wenn man von der „Ubiquität der Rhetorik" (Hans-Georg Gadamer) oder der „Rhetorisierung des bürgerlichen Lebens" (Ueding, *Rhetorik der Tat*, 342) gesprochen hat, so steht dieser Befund zwar im Gegensatz zur Haupttendenz der Wissenschaftsgeschichte, kann aber auch als Bestandteil ihrer Erklärung dienen. Denn die Ausschaltung rhetorischer Lehrinhalte aus der akademischen Ausbildung bedeutete auch einen Verlust an kritischer rhetorischer Rationalität und förderte die Entstehung einer manipulierbaren Öffentlichkeit in der Massengesellschaft.

2. Die Redegattungen

Was die Rhetorik im 19. Jahrhundert an wissenschaftlichem Terrain verliert, gewinnt sie an praktischer Ausübung: die Beredsamkeit triumphiert auf allen Gebieten, freilich oftmals unter Verlust von Funktionen, die ihr ehemals wesentlich waren. Das gilt besonders für die geistliche Rede und für die Festrede; die juristische und die politische Beredsamkeit gewinnen in Deutschland überhaupt zum ersten Mal eine weiterreichende, doch freilich eigentümliche Bedeutung. Für die Gerichtsrede liegt das auf der Hand: erst das mündliche Gerichtsverfahren, das in Strafprozessen dem Angeklagten mehr Chancen zur Verteidigung bietet und im Widerstreit der kontroversen Positionen die richterliche Entscheidung herbeiführt, ergibt auch den Nährboden für eine juristische Rhetorik. Karl Salomo

Zachariä (1769–1843) ist ihr Vorreiter, seine *Anleitung zur Gerichtlichen Beredsamkeit* erschien 1810 in Heidelberg, in einem Rheinbundstaat also. Er habe als Modellfall „nur den Anklageproceß vor Augen, weil nur in dieser Proceßart die Sache öffentlich und mündlich verhandelt wird" (Zachariä, *Gerichtliche Beredsamkeit*, 16); auf deutschem Gebiet immer noch eine Rarität und nur im „Königreich Westphalen" mit seiner *Napoleonischen Rechtsordnung* verwirklicht, wie der Autor bedauernd feststellt. Überzeugt, daß sich „in den rhetorischen Werken der Griechen und Römer so ziemlich alles [findet], was sich über die gerichtliche Beredsamkeit sagen läßt" (ebd. VIII), sieht sich Zachariä als Vermittler der antiken Auffassungen. Breiten Raum nehmen die fünf rednerischen Produktionsstadien ein, deren erste (die rednerische Erforschung und Auffindung [*inventio*] aller belangvollen Materien, Argumente, Beweise) auch die *Statuslehre* enthält, also die Lehre von den Streitfragen und ihren rechtlichen Bezügen.

Zachariäs Vorstoß blieb lange Zeit konkurrenzlos; spätere Lehrbücher wie Oskar Ludwig Bernhard Wolffs (1799–1851) *Lehr- und Handbuch der gerichtlichen Beredsamkeit* (1850) oder schließlich Hermann Friedrich Ortloffs (1828–1920) *Gerichtliche Redekunst* (1887) sind schon wieder von Einschränkungen bestimmt, die dem positivistischen Geist der Jurisprudenz Rechnung tragen. Danach ist es vor allem die Aufgabe aller am Gerichtsverfahren Beteiligten, das Recht als ein System von Verhaltensregeln in jedem einzelnen Fall gleichsam deduktiv richtig anzuwenden. Allein die Form, in der dies geschieht, fällt noch unter rhetorische Zuständigkeit. Daß damit keine idealen Voraussetzungen zur Entfaltung vorbildlicher juristischer Beredsamkeit gegeben sind, machen schon die Beispielreden solcher Lehrbücher deutlich, die meistens aus der französischen oder englischen Gerichtspraxis stammen. Die *Vorschule der gerichtlichen Beredsamkeit für Rechtsanwälte* von W. Schall und E. Boger (1855) bemüht sich zwar, aus der allgemeinen rechtspositivistischen Front auszuscheren, muß sich aber von Ortloff harsche Kritik gefallen lassen: allzu großes Gewicht räumten die Verfasser den emotionalen Redemitteln ein, statt sich an die Einfachheit und Nüchternheit der Rechtsverwirklichung zu halten. „Der Umstand, daß für die Gewinnung der richterlichen Überzeugung der Gesamteindruck mitwirkend sein darf, berechtigt die Parteiredner nicht, zur Unterstützung dieses, welcher an sich mancherlei geradezu Unbeschreibbares enthält, aus den zu beurteilenden Thatsachen und Persönlichkeiten, der Reflexion der Richter einseitige Richtungen zu geben, Liebe oder Haß, Mitleid, Hoffnung, Furcht, Abscheu, Zorn und Schrecken zu erregen und das Gemüt der Richter in Mitleidenschaft zu verführen, um einseitige Zwecke durch die Oberherrschaft der Gefühle zu erreichen.“ (Ortloff, *Gerichtliche Redekunst*, 112f.) Der rednerische Ausdruck wird daher fast gänzlich in Angemessenheit und Klarheit der Darstellung gesetzt, während für die spezifisch rhetorischen Mittel „nur wenige Sätze als beachtenswert“ (ebd. 139) gelten.

Ortloffs Rhetorik bewegt sich in den engen Grenzen, die durch die rechtspositivistische Bindung des Richters und der gegnerischen Parteien an das Gesetz aufgerichtet werden; ihr bleibt schließlich nur noch die geschickte Auffindung, Ordnung und Verwendung geeigneter Argumente zum Zwecke der Beweisführung. Doch wie unbefriedigend man immer die Begründung und gleichzeitige Einschränkung der juristischen Rhetorik in Deutschland empfinden mag, so knüpfen die theoretischen Konzepte (und sei es Kritik) doch immer wieder an die überlieferten Auffassungen an, was man bei der politischen Rede vermißt. Das mag damit zusammenhängen, daß es für sie nur kurzzeitig in der Frankfurter Nationalversammlung günstige Entwicklungsbedingungen gab. Die rhetorischen Lehrbücher, die den Markt beherrschen und – wenn sie nicht allein der geistlichen Rede gelten – meist für den Gebrauch in der Schule verfaßt wurden, erwähnen das *genus deliberativum*, die politische Beratungsrede, allenfalls am Rande. Franz Theremin (1780–1846), der übrigens Hofprediger in Berlin war und mit seinen *Grundlinien einer systematischen Rhetorik* Adam Müller beeindruckt hatte, spricht von den „alten Freistaaten“, in denen „nur das politische Verhältniß ausgebildet war“ (*Die Beredsamkeit eine Tugend*, 39), eher abfällig. So kommt es, daß sich die politische Rede recht willkürlich, nach individuellen Vorlieben, zufälligen Vorbildern und beruflichen Sprechstandards entwickelte. Schon die *patriotische Rhetorik* der Befreiungskriege (Görres, Arndt, Fichte) knüpfte mehr an die literarischen Muster an, wie sie Friedrich Schiller (1759–1805) oder Karl Theodor Körner (1791–1813) geliefert hatten, als daß sie sich an Perikles (etwa 500–429 v. Chr.), Demosthenes (384–322 v. Chr.) oder Cicero orientierten. Die Frankfurter Nationalversammlung, in der auch die meisten der publizistischen Kombattanten gegen Napoleon (1769–1821) saßen, litt besonders unter akademischer Dominanz: über 600 von den 831 Vertretern besaßen Universitätsausbildung, und mit Grund hat man vom „Professorenparlament“ gesprochen. Die Bildungssprache, die hier oft vorherrschte, stammte aus dem Hörsaal, Pathos und Erhabenheit der Rede waren dem theatralischen Forum meist näher als der politischen Tribüne. Auch eine weitere Bedingung verdient, exemplarisch hervorgehoben zu werden. Es entbehrt gewiß nicht der Ironie, daß der Raum, in dem das erste deutsche Parlament zusammentrat, ausgerechnet eine Kirche war. Winston Spencer Churchills (1874–1965) Diktum, mit dem er für den Wiederaufbau des House of Commons in seiner altüberlieferten Form argumentierte, trifft auch schon die Funktion der Paulskirche: „Wir schaffen unsere Bauwerke, aber danach schaffen unsere Bauwerke uns.“ (Churchill, *Rede zum Wiederaufbau des House of Commons*, 406) Die Akustik der Kirche war ganz auf den Altar ausgerichtet, wo deshalb das Rednerpult aufgestellt werden mußte, doch auch von dieser Stelle aus drang nur eine Stimme mit großem Umfang wie diejenige Robert Blums (1807–1848) noch in die hintersten Reihen. Es bedarf keiner weiteren Erklärung, daß diese akustischen Bedingungen eine vollmundig-pathetische, auch pastorale Redeweise begünstigten, deren Neigung zum Schwulst bei zweit- und drittklassigen Rednern oftmals penetrant zutage trat. Wie die politische Leistung des Frankfurter Parlaments aber in einer Festigung, Differenzierung und praxisbezogenen Ausarbeitung der Idee von einer souveränen deutschen Nation bestand, so entwickelte sich in seinem Rahmen erst die Gestalt einer konkreten politischen Beredsamkeit. Ob Ludwig Simon oder Robert Blum, Heinrich von Gagern oder Ludwig Uhland: mit rhetorischen Mitteln, rhetorischer Argumentation und rednerischer Leidenschaft gelang es ihnen, das Parlament zur obersten moralischen und politischen Autorität zu machen.

Nach dem Scheitern der Paulskirche, dem Exodus der politischen Rede in die oppositionelle Publizistik und die Arbeitervereine, ihrer eher zaghaften Fortführung in den Landesparlamenten oder dem Preußischen Abgeordnetenhaus dauerte es einige Zeit, bis im Deutschen Reichstag wieder ein Forum entstand, auf dem sich nationale Rednerpersönlichkeiten wie Eugen Richter, August Bebel und natürlich Bismarck entwickeln und vollenden konnten. Es mag verwirren, den Reichskanzler in einer Reihe mit seinen Gegnern aufgeführt zu finden, denen er am liebsten bloß rhetorische Kunstfertigkeit nachsagte, um sich selber als Praktiker und nüchternen Realpolitiker herauszustellen. Doch läßt man sich von solchen Deklarationen nicht blenden – und die Bismarckforschung tut dies schon lange nicht mehr –, so entdeckt man in ihnen bald eine seit der Antike vertraute Figur: *rhetorica contra rhetoricam* – Distanzierung als besonderer rhetorischer Kunstgriff. Tatsächlich beherrschte Otto von Bismarck (1815–1898) das rhetorische Instrumentarium in seiner ganzen Breite: Sachlichkeit und Leichtigkeit auf der einen, Gewissenspathos und Polemik auf der anderen Seite. Er glänzte in der höfischen Rede ebenso wie im geistreichen Gespräch, war ein Meister des Arguments wie des Scheinarguments: „Ich bin kein Redner, ein Vorzug, den ich dem Herrn Vorredner bereitwillig einräume. Ich vermag nicht, mit Worten spielend, auf ihr Gefühl zu wirken, um damit Thatsachen zu verdunkeln." (Bismarck, *Politische Reden*, Bd. 3, 22f.)

Der geistlichen Rede geht es ähnlich wie der politischen: ihre rhetorische Theorie (*Homiletik*) verfällt oder gerät in Vergessenheit, die praktische Ausübung zehrt noch von den Mustern der Vergangenheit. Franz Theremins „Grundlagen einer systematischen Rhetorik" mit dem Titel *Die Beredsamkeit eine Tugend* erscheint 1814 als letzter belangvoller Versuch einer zusammenfassenden Homiletik, die mehr ist als ein bloßes technisches Anleitungsbuch und die Predigt schon in die Nähe ethisch-artistischer Praxis rückt. Eine Entwicklung, die Friedrich Daniel Ernst Schleiermacher (1768–1834) vollendet, wenn er die Predigt der darstellenden, festlichen Rede annähert und „die Meisterschaft in der Behandlung der Elemente" als „die Hauptsache" bezeichnet. Offensichtlich handelt es sich dabei um eine Verweltlichung, Ästhetisierung der Predigt, sie wird salonfähig, zu einem gesellig-gesellschaftlichen Ereignis. Wenn Schleiermacher in der Berliner Dreifaltigkeitskirche predigte, versammelte sich oftmals alles, was Rang und Namen hatte. Seine Reden griffen ins volle Leben, politische Themen gehörten ebenso dazu wie solche aus dem bürgerlichen oder häuslich-familiären Dasein. In seiner Schrift *Über die Religion. Reden an die Gebildeten unter ihren Verächtern* hatte er schon 1799 diese Tendenzen vorweggenommen, die durch Kanzelredner wie Friedrich Wilhelm Krummacher (1796–1868) oder den Bischof Johann Heinrich Bernhard Dräseke (1774–1849) vollendet wurden. Das waren Kanzel-Stars, vom Publikum jubelnd gefeiert, Vorläufer jener Massenprediger des 20. Jahrhunderts, die wie Pater Leppich oder Billy Graham den Gottesdienst zum gigantischen Show-Ereignis machten.

Dieser Eingliederung der Predigt in eine gebildete Unterhaltungskultur entspricht im Gegenzuge eine Durchdringung der Festrede durch die geistliche Beredsamkeit: die Grenzen waren nach beiden Seiten durchlässig geworden. Wenn Heinrich von Treitschke (1834–1896) die *Erinnerung an die Leipziger Völkerschlacht* beschwört (1863), Richard Wagner (1813–1883) das Bayreuther Festspielhaus mit einer Rede einweiht (1872) oder Gottfried Keller (1819–1890) im Auftrage des Kantons Zürich das Bettagsmandat verkündet (1872), so fallen sie alle ganz zwanglos in Predigtton und Predigtsprache; und so wie Schleiermachers Kanzelreden in jeder Festhalle ihren Platz hätten finden können, so hätte in einem Kirchenschiffe auch sie niemand deplaziert gefunden. Im übrigen dominiert die Festrede alle anderen rhetorischen Gattungen, ob als Gelegenheitsrede, Denkrede, Schulrede, Jubiläumsrede oder akademische Rede. Ihre Anwendungsgebiete in der privaten Sphäre (als Hochzeitsrede, Geburtstagsrede, Tischrede) oder in der kulturellen Öffentlichkeit (als Lob- und Danksagungsreden, Ansprachen oder feierliche Staatsreden) sind fast unübersehbar. Der klassischen Theorie folgend, dominiert in ihnen eine demonstrative, auf Unterhaltung, Begeisterung ausgerichtete Technik. Freilich bleibt sie eine Mischgattung, mit der oftmals auch andere Ziele verfolgt werden. Die Schillerfeiern des Jahres 1859 liefern die besten Beispiele für eine epideiktisch getarnte politische Beredsamkeit: die meisten Festreden beschworen die staatliche Einigung Deutschlands, zeugten von Bürgerstolz und politischen Hoffnungen und gerieten zur demonstrativen Nationalkundgebung.

3. Rhetorik als Stilkunde

Die Zurücknahme der Rhetorik auf eine *poetische Stillehre*, eine seit der Antike immer wieder auftauchende Gefahr, nimmt im 19. Jahrhundert Ausmaße an, wie sie weder die römische noch die humanistische Poetik gekannt hatten. Für das 18. Jahrhundert galt noch (sieht man von einigen Tendenzen der Weimarer Klassik ab) die Einheit von Rhetorik und Poetik; die Stilistik gehörte sowieso zum Bereich der *elocutio*, die seit der Antike das differenzierteste Gebiet im rhetorischen System und in den rhetorischen Lehrbüchern darstellte. Die Veränderung dieses Selbstverständnisses geschieht allmählich, die Lehrbücher behalten in der neuen Epoche zunächst ihre Gültigkeit: Eschenburg, Sulzer, Adelung bleiben auch nach der Jahrhundertwende vertraute Namen und finden noch einzelne Gefolgsleute. Aber die allgemeine Tendenz der Epoche, die man auch auf anderen Gebieten beobachten kann, nämlich Theorie und philosophische Reflexion von der Praxis zu trennen, setzt sich ebenfalls auf rhetorischem Gebiet durch und führt zur Trennung der Stilistik von der Rhetorik, die entweder als Lehre von der Auffindung und Anordnung des Stoffes aufgefaßt wird (wie von Karl Friedrich von Reinhard (1761–1837) in seinem *Entwurf der Theorie und Literatur des Deutschen Styles*, 1796) oder nur noch für die mündliche Rede zuständig erscheint (bei Christian Wilhelm Snell, [1755–1834], oder Karl Ferdinand Becker, [1775–1849]). Ganz konsequent hielt Ludwig Uhland (1787–1862) daher andererseits seine praktischen Rede- und Schreibübungen an der Universität Tübingen (1830–1832) unter dem Titel *Stilistikum* ab und erläuterte seine Absicht mit den Worten: „Im übrigen wird mein Anteil darin bestehen, daß ich vorzüglich über die technische Behandlung des Stoffes, die Zweckmäßigkeit der Anordnung, die Angemessenheit der Darstellung für ihren Gegenstand, über Stil und Ausdruck im allgemeinen meine Meinung äußre. Erscheinen in dieser Beziehung unsre Übungen zunächst als ein Stilistikum, so werde ich doch, wenn der Gegenstand im Bereiche meiner eigenen Beschäftigungen liegt, keinen Anstand nehmen, auch auf die Sache selbst einzugehen." (Uhland, *Poetologische Schriften*, 613) Kein Zweifel, daß diese Veranstaltung wenige Jahrzehnte zuvor unter rhetorischer Ägide und mit entsprechendem Titel angekündigt worden wäre, zumal sie auch zur „Übung im freien, mündlichen Vortrage" (ebd. 612) anleiten sollte und die Gegenstände vom Studenten „in der gemeinfaßlichen Sprache des Lebens, des geistig geselligen Verkehrs" (ebd.) zu fassen waren.

Die Tendenz zur Instrumentalisierung einzelner Bereiche der Rhetorik läßt sich auf verschiedenen Ebenen beobachten. Die auf den emotionalen Qualitäten beruhende Stillehre wird zur Töne-Rhetorik, die dem Wohllaut der Rede höchsten Wert beimißt und sie in die Nähe der Musik rückt. Die noch von Knigge zur umfassenden gesellschaftlichen Beredsamkeit gedachte Umgangskunst verkommt zum bloßen Regelbuch des „Complimentierwesens", wie sich an den Bearbeitungen seines Werks ebenso wie an dessen zahlreichen Nachahmungen zeigen läßt. Ob Carl Friedrich von Rumohrs (1785–1843) *Schule der Höflichkeit für Alt und Jung* (1834) („Gegenwärtig

[...] bezeichnet das Wort Höflichkeit [...] die Gewohnheit und Kunst in jeglicher Beziehung von Menschen zu Menschen, im Reden, wie im Handeln, stets den zu treffenden Ton zu finden und anzuschlagen.“, [*Schule der Höflichkeit*, 51]) oder das *Handbuch des guten Tones und der feinen Sitte von Konstanze von Franken* (23. Aufl. 1900) – das rhetorische Bildungsideal ist vollkommen auf seine pragmatischen Züge veräußerlicht. Nicht anders die Briefsteller, die alle mehr oder weniger genau dem Vorbilde eines ihrer erfolgreichsten Autoren nacheifern: Otto Friedrich Rammler, dessen *Universal-Briefsteller oder Musterbuch zur Abfassung aller in den allgemeinen und freundschaftlichen Lebensverhältnissen sowie im Geschäftsleben vorkommenden Briefe, Documente und Aufsätze* (1836) 1867 in einer 40. bearbeiteten Auflage verbreitet war, handelt auf etwa 50 Seiten Lautlehre, Wortlehre und Satzlehre ab; weitere 20 Seiten widmet er dem Stil und der Form der Briefe, vor allem aber den Titulaturen, um dann auf fast 300 Seiten eine Sammlung von Musterbriefen anzufügen. Eine umfangreiche Blütenlese „Deutscher Classicer“ füllt die letzten 200 Seiten des Buches, das die gesellig-aufklärerische Kunst des Briefeschreibens ganz abstellt auf die durch Nachahmung erworbene nützliche Fertigkeit, „schriftliche, an eine oder mehrere Personen gerichtete Mittheilungen“ (Rammler, *Universal-Briefsteller*, 51) zu verfassen.

Während demnach die praktische Rhetorik, die Anweisung zur Rede- und Schreibübung, sich in der Stilistik als rein technisches Anwendungswissen verselbständigt, gehen die theoretischen und systematischen Aufgaben mehr und mehr auf die Gebiete der Ästhetik und Poetik über, die freilich die zweckgebundene rhetorische Prosa nur am Rande oder gar nicht behandeln. Eine der wenigen Ausnahmen stammt – ausgerechnet, wie man hinzufügen kann – von einem noch dazu prominenten Germanisten seiner Zeit, von Wilhelm Scherer. Dessen *Poetik*, vom Kollegen Richard M. Meyer 1888 posthum veröffentlicht, beruht ganz auf rhetorischen Grundlagen und strebt eine einheitliche theoretisch-wissenschaftliche Behandlung der Redekunst an: „Es ergiebt sich nun aus allen diesen Betrachtungen sofort, daß eine umfassende und rein abzugrenzende Wissenschaft möglich ist, welche die Kunst *der Rede* systematisch behandelt. Diese gesamte Kunst der Rede ist in dem traditionellen Titel ‚Rhetorik Poetik Stilistik' enthalten. Aber dieser deutet hin auf ein Fachwerk, welches auf Vereinzelung der Disciplinen beruht. Wir constatirten dagegen, daß sich die Forderung gerade nach einer umfassenden Betrachtung der Kunst der Rede ergiebt." (Scherer, *Poetik*, 27) Immer wieder weist Scherer auf die Bedeutung der antiken Rhetorik für die wissenschaftliche Analyse der literarischen Werke hin und strukturiert auch ganz ausdrücklich seine eigene *Poetik* nach den rhetorischen Gliederungsprinzipien. Die zukunftsweisende Bedeutung dieses Entwurfs, der den Prozeß der Entstehung eines Werkes, das Machen von Kunst auf fast schon moderne Weise thematisierte und der ontologischen Kunstphilosophie ebeno wie der verselbständigten Stilistik einen rhetorischen Kontrapunkt setzte, wurde nach der Veröffentlichung im allgemeinen gar nicht wahrgenommen.

4. Rhetorische Literaturgeschichte und Literaturkritik

Literatur und Beredsamkeit, Literaturgeschichte und Rhetorik stehen seit ihren griechischen Anfängen in einem engen und fruchtbaren Wechselverhältnis. Ausgiebige Kenntnis der Literatur hatte schon Isokrates (436–338 v.Chr.) als Merkmal rhetorischer Bildung beschrieben, und das erste Kapitel des 10. Buches von Quintilians *Ausbildung des Redners* (*Institutio oratoria*), ein Abriß der antiken Literaturgeschichte, gilt zu Recht als Beginn literaturhistorischer Darstellung in unserem Sinne – im 18. und 19. Jahrhundert war dieses Kapitel daher das meistübersetzte und bekannteste Stück aus Quintilians Werk. Für ihn bestand der Zweck literaturgeschichtlicher Kenntnisse für den Redner zuerst darin, Muster und Modelle für die Nachahmung (*imitatio*) zur Verfügung zu stellen. Die Literaturgeschichte erhielt dadurch ein kritisches Auswahlprinzip, das die bisherigen annalistischen Dispositionen überlagerte. Das heißt: Um ein vollkommener Redner zu werden, sind erstens nötig die Lektüre der besten Autoren, zweitens die Lektüre der besten Werke der besten Autoren und drittens die *imitatio* dieser Muster. Wobei Nachahmung übrigens immer mit dem Ziel der Überbietung gemeint ist, wofür die lateinische Rhetorik den Begriff *aemulatio* bereitstellte, der gerade das Überschreiten des Vorbilds, nicht dessen epigonale Kopie meinte. Hier nun war (der virtuellen Konzeption nach) die Literaturgeschichte auch im engeren Verständnis geboren. In der Renaissance, im Humanismus waren eben deshalb Quintilian und die rhetorische Tradition für die Entdeckung des historischen Sinns von großer Bedeutung geworden. Wobei freilich die Nachahmung der Muster niemals allein um der Kunst willen geschah. Die *auctores* dienen ebenso als Vorbilder für die Lebensführung: Größe, Erhabenheit, Würde (*dignitas*) erschienen als die Merkmale, an denen sie erkennbar sind, gleichsam der Ausweis des Exemplarischen. Es ist nur konsequent, wenn insbesondere die biographische Geschichtsschreibung Vorrang gewann; Cicero, Cato, Seneca, aber auch die großen Heerführer und Staatsmänner der Antike wurden zu Vorbildern in literarischer und existentieller Hinsicht.

Aus aufklärerischen Anfängen hat erst das 19. Jahrhundert die Literaturhistorie zu einer eigenen Disziplin entwickelt, aber auch dabei Ansätze und Vorarbeiten der Antike und des Humanismus im wesentlichen nur zu vollenden brauchen. Zwei neue Akzente schuf das bürgerliche Zeitalter allerdings, die vollkommen gegen die rhetorische Tradition gerichtet waren: Erstens die Nationalisierung der Literaturgeschichte. Die rhetorische Literaturgeschichte war immer Geschichte der Weltliteratur, zumindest Geschichte der europäischen Weltliteratur gewesen. Und zweitens die Verwissenschaftlichung der Geschichtsschreibung, die einem positivistischen Wissenschaftsideal angepaßt wurde und zu einer „Tatsachenwissenschaft" entwickelt werden sollte. Dies vor allem unter dem Einfluß neuer Theorien: der politischen Ökonomie, der Evolutionslehre und der Sozialwissenschaften.

Doch sehen wir uns ein herausragendes Beispiel an: Georg

Gottfried Gervinus (1805–1871), der Begründer der modernen Literaturgeschichtsschreibung, steht noch besonders fest in der rhetorischen Tradition seiner Disziplin. Wenn er seine *Geschichte der Deutschen Dichtung* von 1853 an „Herz, Gemüth und Verstand" (Gervinus, *Geschichte der Deutschen Dichtung*, 16) des Volkes adressiert, wenn er die Literatur als Antidot gegen die nationale Selbstpreisgabe empfiehlt und um dieses Zweckes willen auf ihre rhetorische Wirkung vertraut, wenn er sie für die praktische Funktion der Entscheidungsfindung reklamiert und damit der Sphäre des politischen Handelns wieder annähert, so spricht sich in solcher Konzeption ein genuin rhetorisches Verständnis von Geschichte aus, das freilich auch erklärt, warum Gervinus im Laufe des 19. Jahrhunderts schon so schnell in Vergessenheit geraten konnte. Der szientistische Wahn der Disziplin, die die Methoden der Naturwissenschaften auf die Geisteswissenschaften übertragen wollte, wird zwar erst noch undeutlich sichtbar, doch melden sich bald andere, ideologische Bestrebungen, die die Rhetorik mehr und mehr verdrängen. Als der erste Germanistentag am 24. September 1846 in Frankfurt eröffnet wurde, war man sich der Eigenart der noch jungen Universitätsdisziplin bewußt. Denn wenn Jacob Grimm (1785–1863), einer der prominentesten Redner, auch die eigentliche Politik vom germanistischen Gegenstandsbereich unterschieden wissen wollte, so plädierte er doch dafür, die „auf dem Boden der Geschichte, des Rechts und selbst der Sprache aufsteigenden Fragen, die an das politische Gebiet streifen, mit wissenschaftlicher Strenge aufzunehmen und zu verhandeln." (Grimm, *Über die wechselseitigen Beziehungen*, 563) Die Wortwahl verrät den immer noch unterschwellig rhetorischen Wissensbegriff, der hier gemeint war. Diese Fragen sollen aufgenommen und „verhandelt", also argumentativ für den öffentlichen Diskurs verarbeitet werden. Verhandeln, argumentieren kann aber immer nur zu wahrscheinlichen, plausiblen, niemals zu sicheren Ergebnissen führen – das wußten die ersten Erben jener Disziplin, die sie an den Hochschulen ablösten, der Rhetorik nämlich, genau. Diese war europäisch ausgerichtet gewesen, mit dem griechisch-lateinischen Bildungsideal untrennbar verknüpft und die Mutter der grenzüberschreitenden humanistischen Philologie, daher also nicht mehr zeitgemäß in der Epoche des Nationaldenkens; doch ihr argumentatives, auf Glaubwürdigkeit, Überzeugung und den Strukturwandel öffentlicher Meinung ausgerichtetes Erkenntnisinteresse bildete am Anfang noch die Grundlage der neuen germanistischen Sprach- und Literaturforschung. Ob die Brüder Grimm und Uhland, ob Gervinus oder Hermann Hettner (1821–1882): die großen Gelehrten der germanistischen Gründerzeit waren sich in diesem Punkte einig und verknüpften daher in ihrem Denken ganz zwanglos Nationalstaatsidee und Liberalismus, das Ziel der deutschen Einheit und die Verwirklichung von Demokratie und Freiheit. Einige von ihnen, die beiden Grimms und Gervinus, gehörten mit den Göttinger Sieben zu den prominentesten Vertretern der politischen Opposition. Wie hier, so wehte überall ein kräftiger Zug frischen Vormärz-Geistes alles Muffige, Verstockte, Intolerante aus dem Nationalitätenkabinett heraus. Erst die Germanistik nach dem Scheitern der bürgerlichen Revolution verengte sich zu jener deutschen Wissenschaft im nationalistisch-bornierten und konservativen Sinne.

Nationalisierung, szientistische Verkürzung und zunehmende Distanz zur rhetorischen Tradition, die schließlich beinah in Vergessenheit geriet, hatten aber noch eine weitere Wirkung in Deutschland, die in den angelsächsischen und romanischen Ländern so nicht zu beobachten ist: die Trennung der Kritik von der wissenschaftlichen Beschäftigung mit der Literatur. Zunächst muß man wissen, daß das kritische Vermögen in der Rhetorik und im Produktionsprozeß der Rede seinen festen Platz hat. Aristoteles erkennt dem Redner die Aufgabe zu, beim Urteilen „über bestimmte Fälle" (Aristoteles, *Rhetorik*, 27) entscheidend mitzuwirken. Cicero unterscheidet zwischen der Entdeckung und Erfindung einer Sache (*inventio*) durch den Redner und der ebenfalls von ihm vorzunehmenden anschließenden Beurteilung und Prüfung (*iudicium*). In der Folgezeit entwickelte sich der Begriff der Kritik vor allem aus diesem Begriff der rhetorischen Beurteilungskunst, wurde im humanistischen Verständnis allerdings präzisiert durch die hinzutretende Bedeutung von *analysis*, die auch schon im rhetorischen Unterricht von Bedeutung war, wenn es darum ging, die klassischen Autoren zu lesen und an der Kunstfertigkeit ihrer Werke für die eigene Praxis zu lernen. Die Ganzheit wurde aufgelöst und das Werk in seinen Teilen geprüft. Diese auflösende, zersetzende Wirksamkeit ist mit Begriff und Funktion der Kritik untrennbar verknüpft und hatte sich im 18. Jahrhundert auch durchgängig erhalten.

Noch die romantischen Schriftsteller konnten daran anknüpfen. Friedrich Schlegel bestimmte sie in seinem Lessing-Essay sowohl als „historische Konstruktion des Ganzen der Kunst und der Dichtkunst" wie auch als „Absonderung des Unechten": „Damit nun wenigstens Raum geschafft werde für die Keime des Bessern, müssen die Irrtümer und Hirngespinste jeder Art erst weggeschafft werden." (Schlegel, *Kritische Schriften*, 397) Auch hat die Kritik populär zu sein und „im Kreise des allgemein Verständlichen" zu bleiben, sie ist gleichsam „ein Mittelglied der Historie und Philosophie" (ebd. 399). Denn man kann „nur dann sagen, daß man ein Werk, einen Geist verstehe, wenn man den Gang und Gliederbau nachkonstruieren kann. Dieses gründliche Verstehen nun, welches, wenn es in bestimmten Worten ausgedrückt wird, charakterisieren heißt, ist das eigentliche Geschäft und innere Wesen der Kritik." (ebd. 400) Adam Müller beschreibt in seinen *Vorlesungen über die deutsche Wissenschaft und Literatur* (1806), ausgehend von Schlegel, die deutsche Kritik und hebt ihren „vermittelnden Charakter" (*Vorlesungen über die deutsche Wissenschaft*, 47) hervor. „So wenig Natur und Kunst sich widersprechen, vielmehr beide nach unendlicher Vereinigung streben, ebensowenig verliert die echte Kritik an Strenge, wenn sie sich mit der Freiheit und Toleranz der Geschichte versöhnt. Nicht bloß als Fehler des Individuums sind die Unvollkommenheiten menschlicher Werke zu betrachten, sondern auch als Glieder in der Bildungskette des Ganzen." (ebd.) Diese Vermittlung selber soll nach Analogie des Gesprächs vor sich gehen, wie Müller dann in seiner Erläuterung der Kunstkritik für die Leser des *Phöbus* ausführt, denn sie werden Zeugen „eines recht bunten und klugen Gesprächs" (Müller, *Kritische Miszellen*, 504) sein.

Am rhetorischen Ursprung und Grundzug der romantischen Literaturkritik kann kein Zweifel bestehen, wenn auch etwa Friedrich Schlegel das Schwergewicht nicht auf die Methode, sondern den individuellen „Kritischen Geist" (Schlegel, *Entwicklung der Philosophie*, 313) legt und die rhetorischen Techniken der kritischen Analyse mehr und mehr an Bedeutung verlieren. Diese zwiespältige Tendenz setzt sich fort und wird für die Folgezeit herrschend, das gilt gerade auch in der Literatur der *Jungdeutschen* und des *Vormärz*, in der die Politisierung der Kritik ihren rhetorischen Charakter deutlich hervortreten läßt, doch die Abneigung gegen vorgegebene Kriterien noch wächst, so daß die rhetorische Methode der Analyse von Literatur schließlich auch auf diesem für sie so genuinen Felde in Vergessenheit gerät.

5. Romantische Beredsamkeit als „enthusiastische Rhetorik"

In den geläufigen Vorstellungen von der romantischen Schule hat die Rhetorik keinen Platz, doch zeigt sich darin eher die Eigenart des späteren Romantik-Bildes als die der romantischen Schriftsteller selbst. Wenn Novalis (1772–1801) den Dichter zum „transcendentale[n] Arzt" (Novalis, *Schriften*, Bd. 2, 535) und die Poesie zur Antizipation „der zukünftigen Welt" (ebd. Bd. 3, 398) macht, so ist damit immer schon der Wirkungszweck eingeschlossen: „Poesie = Gemütherregungskunst" (ebd. 639), notierte er, rechnete die Ästhetik zur Psychologie und kritisierte die bloß kunstimmanente Betrachtungsweise: „Künstlerische Einseitigkeit – Kunstwercke, blos für Künstler – Popularitaet – Kunstwercke für auch Nichtkünstler." (Ebd. Bd. 2, 570) Diesen Gedanken und theoretischen Skizzen liegt die rhetorische Affektenlehre zugrunde, die die eigentliche Kunst und Aufgabe der Rede in die emotionale

Stimulierung des Publikums setzte. Dieses Kernstück der Rhetorik (Klaus Dockhorns Forschungen, etwa zu William Wordsworth (1770–1850), haben es erwiesen) strukturiert die romantische Ästhetik und liefert ihr die entscheidenden Kategorien, auch wenn sie oftmals terminologisch neu gefaßt werden. So nennt Novalis ästhetische Wirkung zwar (dem romantischen Sprachgebrauch folgend) Bezauberung, definiert sie dann aber ganz analog und bis in die Wortwahl hinein nach rhetorischem Vorbilde: „Alle Bezauberung geschieht durch partielle Identification mit dem Bezauberten – den ich so zwingen kann, eine Sache so zu sehn, zu glauben, zu fühlen, wie ich will." (Novalis, *Schriften*, Bd. 2, 395) Der Zweck der romantischen Beredsamkeit unterscheidet sich nur graduell von der überlieferten Doktrin, und es verwundert nicht, wenn sich die romantische Stillehre ebenso nach der ästhetisch-emotionalen Wirkung richtet wie bisher schon und die Stilabsicht in der heftigen, überwältigenden Gemütserregung kulminiert: „Es giebt verschiedene Grade des *eindringlichen* Sprechens und Schreibens. *Entscheidend sprechen* und schreiben – befehlend kategorisch – das ist der höchste Grad. Die Abstimmungen d[es] Grads nach den Menschen, die man vor sich hat – können nun bestimmt werden." (Ebd. Bd. 3, 346)

Friedrich Schlegel hat für die romantische Beredsamkeit den prägnanten Begriff „enthusiastische Rhetorik" geprägt, die heftige, bezaubernde, das Alltagsleben transzendierende Gefühlserregung bildet ihren Fluchtpunkt. „Es gibt eine materiale, enthusiastische Rhetorik die unendlich weit erhaben ist über den sophistischen Mißbrauch der Philosophie, die deklamatorische Stylübung, die angewandte Poesie, die improvisierte Politik, welche man mit demselben Namen zu bezeichnen pflegt. Ihre Bestimmung ist, die Philosophie praktisch zu realisieren, und die praktische Unphilosophie und Antiphilosophie nicht bloß dialektisch zu besiegen, sondern real zu vernichten." (Schlegel, *Kritische Schriften*, 42) Schlegel will also die Rhetorik auf die Beredsamkeit in ihrer affektischen Qualität konzentrieren, weil er in der emotionalen Wirkungskraft ihr eigentliches bewegendes Prinzip erkennt – auch dies gemäß rhetorischer Übereinkunft. Das dritte Überzeugungsmittel, die heftige Gemütserregung (*movere*), zielt auf praktische Entscheidung und Handlung, ihre bewegende Macht zeigt sich in der Beeinflussung des Willens, nicht der Erkenntnisvermögen. Freilich werden damit die emotionalen Wirkungsfunktionen der Beredsamkeit (durchaus der klassisch-antiken wie auch der aufklärerischen Bestimmung widersprechend) vom rationalen Überzeugungszweck getrennt, dem sie, der überlieferten Theorie gemäß, zum Erfolg und zur realen Durchsetzung zu verhelfen hätten. In den Überlegungen von Novalis und Schlegel erhält die Rhetorik auf diese Weise insgesamt eine neue Aufgabe.

Denn zum Selbstzweck soll sie nicht werden. Gefühlserschütterung, Enthusiasmus, Rührung, ja sogar Berauschung versetzen den Menschen in die Lage, die engen Grenzen des Gewöhnlichen zu überschreiten, den Alltag, die Prosa des Lebens hinter sich zu lassen und eine Freiheit zu gewinnen, die ihm das soziale Leben sonst versperrt. „Die Freiheit durch Rhetorik und das sollte wohl die einzige Bestimmung der Rhetorik sein. – ‚Das Werk *Bestimmung des Menschen*, sollte von dieser Art sein'. Die unendliche Sehnsucht, Wehmuth und Erinnerung kann nur durch Musik erweckt werden. Musik und Rhetorik sind also der Philosophie und auch der Religion unentbehrlich." (Schlegel, *Zur Philosophie*, 25) Der unbekannte Autor der spätantiken Schrift *Vom Erhabenen*, Pseudo-Longin, konnte als Gewährsmann dieser Rhetorik-Interpretation dienen: denn auch für ihn erhebt das Große, Hohe, Hinreißende den Menschen „weit über alles nur Sterbliche", macht ihn wirklich erhaben und der „Seelengröße des Gottes" (Pseudon-Longin, *Vom Erhabenen*, 36,1) verwandt, versetzt ihn gar in einen „rauschhaften Taumel" (ebd. 39,2) und übt einen „betörenden Zauber" (ebd.) aus – Maximen, deren Fruchtbarkeit sich nicht nur in der romantischen, sondern (von ihr aus) auch in der avantgardistischen Poetik des 19. Jahrhunderts erweisen sollte: wir finden sie bei Charles Baudelaire (1821–1867) und Stéfane Mallarmé (1842–1898) ebenso wie in der Moderne.

Der vielleicht wichtigste zusammenfassende Versuch einer Neubegründung der Rhetorik, weil er über die Aneignung und Weiterführung einzelner rhetorischer Theoreme hinausgeht, stammt von dem bereits erwähnten Adam Müller (1779–1829). In seinen berühmten *Zwölf Reden über die Beredsamkeit und deren Verfall in Deutschland* gibt er keine schulmäßige Darstellung der Rhetorik, sondern eine Analyse ihrer Voraussetzungen und aktuellen historischen Gestalt sowie die prinzipielle Rekonstruktion ihrer Theorie. Müllers Hauptgründe für den Verfall der Beredsamkeit in Deutschland: die Schriftlichkeit und Selbstgenügsamkeit der deutschen Literatur („die Beschreibsamkeit unsrer Nation“, Müller, *Zwölf Reden*, 127); das fehlende Publikum, die Unfähigkeit, differenziert zuzuhören, und schließlich die fehlende republikanische Tradition. Eine wichtige Voraussetzung der Beredsamkeit sieht Müller, romantischer Geselligkeits-Kultur entsprechend und die Ansätze der Aufklärungsrhetorik aufgreifend, im Gespräch. Für ihn vereinigt der Redner drei Personen in sich: zuerst die beiden Teilnehmer eines Gesprächs, in ihrer eigentümlichen Farbe und Manier, These und Antithese explizierend, sodann aber, diese beiden dämpfend, veredelnd und unsichtbar versöhnend, eine höhere Instanz, „die Seele des Redners, die über dem Streite der Glieder thront.“ (Müller, *Zwölf Reden*, 127) Ersichtlich ist diese Interpretation der Rede als eines dialektischen Streits der Argumente, in welchem Spruch und Widerspruch, die eigene These und die Antithese des Gegners gegeneinandergeführt werden um des jeweiligen Parteiinteresses willen, aus der rhetorischen Überlieferung entwickelt, wenn Müller auch die Parteilichkeit, die jedes rhetorische Erkenntnis- und Handlungsinteresse leitet, zurücksetzt zugunsten eines Antagonismus prinzipiell gleichberechtigter Standpunkte. Diese sind nun nicht mehr auf zwei Parteien verteilt, sondern in der Person jedes einzelnen Redners verkörpert. Doch die Verinnerlichung der dritten Instanz, also, nach dem Modellfall der forensischen Rede, des richterlichen Prinzips, worin Müller das eigentliche Wesen seiner neuen Beredsamkeit sehen möchte, bringt die Rhetorik nun gänzlich um ihren Gewinn, zielt nicht auf die Entfaltung der Widersprüche, um aus ihnen das Wahrscheinliche, die Maßstäbe des richtigen und falschen Verhaltens, das Lob- oder Tadelnswerte zu entwickeln, sondern auf Unterwerfung und Einsicht in die Notwendigkeit: „ich aber sage, daß es einen würdevollen Gehorsam, einen Stolz der Dienstbarkeit gibt, dies erhebt die neue Welt über die alte." (Müller, *Zwölf Reden*, 181)

6. Rhetorik-Unterricht in der Schule

Der hohe Standard der öffentlichen Rede im 19. Jahrhundert, ob sie im Parlament, auf der Kanzel oder im Gerichtssaal ihren Ort hat, ob sie sich im wissenschaftlichen Vortrag oder in der Kunstprosa, dem Essay, dem Feuilleton, äußert, legt das deutlichste Zeugnis für eine Kontinuität rhetorischer Ausbildung wenigstens noch im Schulunterricht ab. Erst seit Ende des 19., Anfang des 20. Jahrhunderts wird die philosophisch-ästhetische Bildung ins Zentrum treten. Die nach 1810 einsetzenden Schulreformen lassen den Rhetorik-Unterricht zunächst noch ganz unberührt. Friedrich Thiersch (1784–1860), auf den diese für das Zeitalter durchaus exemplarische Schulreform im ersten Drittel des Jahrhunderts zurückgeht (nur Preußen folgt mit etwa einem Jahrzehnt Verspätung nach), hat auch die Aufgaben und Ziele des Rhetorikunterrichts beschrieben: „Die nächst höhere Classe führt uns zu den Studien der Beredsamkeit. Lesung der classischen Reden mit Ernst und Gründlichkeit getrieben in der oben bezeichneten Art ist auch hier die Grundlage und die Seele der Bemühung, welche neben dem wissenschaftlichen auch noch den sehr praktischen Zweck haben soll, die freie, zusammenhängende Rede der Jugend, [...] und [...] das lebendige Wort zu stärken." (Thiersch, *Ueber gelehrte Schulen*, 314 f.)

Mit der Ausbreitung und Emanzipation des Deutschunterrichts ändert sich an der Bedeutung der Rhetorik im Themenkanon nichts, wenn auch die Lehrbücher und vorbildlichen Autoren wechseln, oder besser: zu den antiken Klassikern und ihrer Rhetorik treten noch die musterhaften deutschen Schriftsteller und die deutsche Rhetorik. So sieht der Lehrplan für die höheren Schulen in Preußen 1867 für die Untersekunda außer der Lektüre von „ausgewählten deutschen Schriftstellern" den Unterricht in Poetik und Rhetorik, „Recitationen und freie Vorträge" über Gegenstände aus der Literatur und Geschichte sowie Aufsätze und Übersetzungen vor. Der Literaturunterricht wird ergänzt durch philosophische Propädeutika und „Aufsätze mit Disponierübungen und rhetorische Erörterungen (Figuren, Tropen usw.). Freie Vorträge." Merkwürdigerweise existieren rhetorische Formen- und Stillehre, praktische Beredsamkeit und Organismusästhetik vielfach einträchtig nebeneinander, so daß etwa in demselben Deutschunterricht, in dessen Mittelpunkt rhetorische Übungen stattfanden, zugleich Karl Ferdinand Beckers (1775–1849) Buch *Der deutsche Stil* (1848), und sei es in der gestrafften Form der Schulausgabe, benutzt wurde, um die angeblich organisch vollkommene Stilentwicklung eines literarischen Werkes zu belegen. Immer wieder fällt bei der Durchsicht der Lehrprogramme und Schulbücher auf, daß der rhetorisch ausgerichtete Deutschunterricht des 19. Jahrhunderts einen durchaus modern anmutenden Literaturbegriff besaß, der etwa die Essays Lessings und Schillers, Geschichtsschreibung und Redekunst miteinschloß. Wenn man genau hinsieht, verengt sich dieses umfassende Verständnis erst um die Jahrhundertwende (zuerst, nach 1880, in Preußen) allein auf die Dichtung, um mit ihr, wie es so schön offen formuliert wurde, „die empfänglichen Herzen unserer Jugend für deutsche Sprache, deutsches Volkstum und deutsche Geistesgröße zu erwärmen". (Kratz, *Lehrpläne und Prüfungsverordnungen*, 19)

Eine nicht hoch genug einzuschätzende Konsequenz des allgemeinen Rhetorikunterrichts war die in allen Bereichen des privaten, öffentlichen und wissenschaftlichen Lebens anzutreffende Sprachkultur. Nicht nur ist die im engeren Sinne belletristische Literatur rhetorisch geprägt, weil ja auch die Schriftsteller durchgängig rhetorische Bildung besaßen, so daß die besonders von der philosophischen Poetik und Kunsttheorie betriebene Rhetorik-Verachtung von der literarischen Wirklichkeit vielfach aufgehoben und ad absurdum geführt wurde. Auch die sich in Reden, Briefen und Tagebüchern bezeugende Sprachfähigkeit im alltäglichen Leben, vor allem aber die wissenschaftliche Prosa der Epoche zeigen eine rhetorische Form und Kunstfertigkeit, die ganz selbstverständlich war und uns nur heute so außerordentlich dünkt. Ob die Werke Arthur Schopenhauers (1788–1860), Alfred Edmund Brehms (1829–1884) *Tierleben*, die Schriften von Hermann Ludwig von Helmholtz (1821–1894) oder Jakob Burckhardt (1818–1897): die rhetorische Kunstprosa der Epoche kennt keine fachlichen Grenzen, weil sie in der allgemeinen rhetorischen Schulbildung verankert ist.

7. Der große Stil und die Universalisierung der Rhetorik durch Nietzsche

Theatralischer Lebensstil und Repräsentationskunst der Gründerzeit sind lange vor der eigentlichen Reichsgründung ausgebildet worden, wenn sie auch mit ihr den Höhepunkt erreichten und ihre politische Legitimation bekamen. Wir kennen die Zeugnisse noch heute in der Straßenarchitektur etwa des Wiener Rings, im Villenbau, in der Gartenanlage; die Bilder Hans Makarts (1840–1884) und Franz von Lenbachs (1836–1904) sind dafür ebenso sprechende Beispiele wie Julius Langbehns (1851–1907) *Rembrandt als Erzieher* oder die Festumzüge in München und Wien. In seinen *Wanderungen durch die Mark Brandenburg* (1861) beschreibt Theodor Fontane (1819–1898) das in der Grafschaft Ruppin gelegene Gentzrode, die Besitzung des später fallierten Torffabrikanten Alexander Gentz, der hier seine „aufs künstlerisch Prächtige gerichteten Ideen" verwirklichte, ein Schloß in „orientalischem Geschmacke", auf erhöhtem Terrain des „imposanteren Aussehens halber", „desgleichen eine dem Schloß gegenübergelegene, durch eine künstliche Felsengrotte verschönte Parkanlage, die Richard Lucä [...] ein Meisterstück gärtnerischer Kunst nannte“ (*Wanderungen durch die Mark Brandenburg*, 521f.).

Solche Bauten waren auf Wirkung berechnete Veranstaltungen, denen die Innenarchitektur kongenial korrespondierte. Sie sind das Raum und Bild gewordene Pendant zu der in Reden und Schriften ausgeführten *Prunk-Rhetorik*. Welches Erfolgsbuch der Epoche man immer aufschlägt, der vorherrschende Stilzug der Zeit ist die Größe und Erhabenheit, die auf Bewunderung und Überwältigung zielt, leidenschaftliche Affekte und Entzücken erregen will. Pathos, Prunk und Schwulst dürfen aber nicht nur als formalästhetische Merkmale verstanden werden, sie sind der rhetorische Ausdruck eines Bildungsideals, das mit ihm auch gewaltsam durchgesetzt werden sollte. Dem romantischen Ideal des vorbildhaften Sängerdichters korrespondiert das herrscherliche Künstlerbild der Zeit, das sich seine Muster aus Renaissance und Barock holte und im Rembrandts- oder Rubensgewande kostümiert erschien. In seiner Vorlesung über die historische Größe hat Jakob Burckhardt zugleich die kritische Analyse und die theoretische Begründung für die Größensehnsucht seiner Zeit gegeben: „Unsern Ausgang nehmen wir von unserm Knirpstum, unserer Zerfahrenheit und Zerstreuung. Größe ist, was wir *nicht* sind.“ (*Weltgeschichtliche Betrachtungen*, 209) Und: „Künstler, Dichter und Philosophen haben zweierlei Funktion: den innern Gehalt der Zeit und Welt ideal zur Anschauung zu bringen und ihn als unvergängliche Kunde auf die Nachwelt zu überliefern.“ (ebd. 214) Doch versteht Burckhardt diese Zeugenschaft nicht als antiquarische Erinnerung, wie der antike Autor der Schrift *Über das Erhabene* faßt er die Größe als menschliches Bildungsideal und zugleich als absoluten Maßstab von Rede und Dichtung auf, in der alle Kunstfertigkeit und die rhetorische Wirkungsintention kulminieren. Dies war der Weg, auf dem Friedrich Nietzsche (1844–1900), der den älteren Basler Kollegen verehrte, fortgeschritten ist. Er hat diese Vorstellung von Größe zum Angelpunkt seiner Lehre vom Übermenschen und seines *Zarathustra* (1885) gemacht, in seiner eigenen Rhetorik freilich, seiner

Auffassung über Schriftstellerei und Stil ganz anders gedacht. „*Hauptgrund der Verderbnis des Stils.* – Mehr Empfindung für eine Sache *zeigen* wollen, als man wirklich *hat*, verdirbt den Stil, in der Sprache und in allen Künsten. Vielmehr hat eine große Kunst die umgekehrte Neigung: sie liebt es, gleich jedem sittlich bedeutenden Menschen, das Gefühl auf seinem Wege anzuhalten und nicht *ganz* ans Ende laufen zu lassen." (Nietzsche, *Menschliches, Allzumenschliches*, 931)

Nietzsches Wiederentdeckung der Rhetorik ist für das späte 20. Jahrhundert freilich in anderer Weise bedeutsam geworden; es waren vor allem die Vorlesungen und Lehrveranstaltungen des Jahrzehnts zwischen 1869 und 1879, in denen er sich auf so fruchtbare Weise mit der Rhetorik beschäftigte, und besonders das Kolleg im Wintersemester 1872/73 brachte eine sowohl systematische wie historische Behandlung des Themas. Nietzsche stützte sich dabei einerseits vor allem auf Gustav Gerbers (1820–1901) Werk *Die Sprache als Kunst*, das ihm die sprachphilosophische Dimension der Rhetorik, auch vermittelt über die romantische Sprachphilosophie, erschloß; andererseits auf die altphilologischen Arbeiten von Leonhard Spengel (1803–1880), Rudolf Hirzel (1846–1917) und vor allem Richard Volkmann (1832–1892). Zudem fertigte er eine eigene Übersetzung der Aristotelischen *Rhetorik* an. Aus dieser klassischen Perspektive heraus radikalisierte er die These Gerbers von der grundsätzlichen Rhetorizität der Sprache und machte die rhetorische Methode zum Instrumentarium einer umfassenden, erkenntnistheoretisch zugespitzten Sprachkritik. „Die Sprache ist Rhetorik" (Nietzsche, *Vorlesungsaufzeichnungen*, 426) für Nietzsche, weil sie nicht etwa die Welt darstellt oder mimetisch abbildet, sondern sinnlichen Reiz, „subjektive Erregung" (ebd.) überträgt und damit nicht anders funktioniert als die rhetorischen Übertragungsfiguren, besonders die Metapher. Ein Ansatz, der alle Erkenntnis in den Horizont der Sprache verweist, weil nur in ihr es dem Menschen möglich ist, sich auf die Welt zu beziehen. Wenn die Sprache selber aber notwendigerweise rhetorisch verfährt, indem sie die Möglichkeit eröffnet, subjektive Annahmen über die Welt zu formulieren und auf andere zu übertragen (eine doppelte Übertragungsleistung), bedarf es der Rhetorik und ihrer Kategorien, um diesen Prozeß des Aufbaus unserer Wirklichkeit zu beschreiben. Wenn Nietzsche derart Sprache und Rhetorik identifiziert, so nicht allein deshalb, weil die Sprache rhetorisch, insbesondere figurativ, verfährt, wenn sie ein Bild der Wirklichkeit aufbaut, sondern weil sie für den Menschen allgemein dieselbe Aufgabe und Wirksamkeit besitzt, die sie für den Redner hat, nämlich Einfluß auszuüben, sich die Welt verfügbar zu machen, indem er sie von dem Wort stellvertreten läßt. An dieser Stelle wird später Hans Blumenberg ansetzen, wenn er die anthropologische Begründung der rhetorischen Funktion im menschlichen Mängelwesen sucht, das auf Rhetorik angewiesen ist, weil ihm keine festen Regelmechanismen zur Bewältigung der gefährlichen Wirklichkeit mitgegeben sind.

III. Rhetorik im 20. Jahrhundert

1. Nullpunkt der Rhetorik

Das bürgerliche Zeitalter, wie man das 19. Jahrhundert genannt hat, war trotz florierender Beredsamkeit keine rhetorisch fruchtbare Epoche. Man lebte von den Theorie-Resten der Vergangenheit, soweit sie für den Nationalismus, die politische Propaganda, das Unterhaltungsbedürfnis eines massenhaften Publikums verwertbar schienen. Die Redekunst galt selbst bei ihren Meistern wie Bismarck als ein zweifelhaftes Talent, dem in bestimmten historischen Situationen, wie dem Vormärz, und zu genau definierten politischen Zwecken, wie der Propaganda für die Einheit des deutschen Reiches oder den Krieg gegen Frankreich, die Nützlichkeit nicht abgesprochen wurde, das man aber wenig achtete und lieber dem Gegner als sich selber zuschrieb.

Die friderizianische Maxime „Räsoniert, aber gehorcht" triumphierte abermals im Untertanenstaat des 19. Jahrhunderts, allerdings meist auch noch unter Preisgabe des Räsonnements; ein verschwommener Kult der Seele, der Innerlichkeit und wortlosen Allgemein-Menschlichkeit siegte über die alte Allianz von *ratio* und *oratio*. Die Folgen: das verhängnisvolle Schisma zwischen Gelehrsamkeit, Wissenschaft und öffentlichem Leben, insonderheit der Politik, das noch heute weiterwirkt; die Sprachlosigkeit der Politik selber oder vielmehr (weil jede Politik der Sprache bedarf) eine politische Verlautbarungsrhetorik, die arm an Emotionen, arm an Schmuck, arm an Gesprächigkeit, aber natürlich auch an Begründungen und Nachweisen ist; schließlich die Verbreitung einer geschwätzigen, unkultivierten Alltagsrede im Privatleben und in der Familie auf der einen und die Wucherung eines Schwulststils in der öffentlichen Repräsentation des Staats, der Künste und Wissenschaften auf der anderen Seite.

Dieses in seinem Ausmaß kaum zu überschätzende Defizit an bewußtem, und das heißt ausgebildetem theoriegeleiteten

Wissen ist die Erbschaft des 19. an das 20. Jahrhundert und wiegt in Deutschland um so schwerer, als es hier keine Tradition demokratischer Debattenkultur wie in den angelsächsischen Ländern, keine sich bewußt an rhetorischer Sprachpraxis schulende öffentliche Rede wie in den romanischen Ländern gab. Die Folgen sind vielfältig. Das rhetorische Gattungssystem löst sich endgültig auf, die Grenzen werden nach allen Seiten hin überschritten. Werbung und politische Rede, Predigt und Unterhaltung, private und öffentliche Beredsamkeit gehen ineinander über, die rhetorische Theorie fristet ein kümmerliches Dasein in Schwundstufen wie der Sprecherziehung, dem professionellen Redetraining. Kurz, mit dem Beginn des 20. Jahrhunderts nähert sich die deutsche Rhetorik mehr und mehr dem Nullpunkt. Von zwei Seiten kam die Rettung: von den Erfordernissen der politischen Praxis und von außen, von den neuen rhetorischen Theorien, die zuerst in den USA entwickelt wurden.

2. Rede in der Politik

Zunächst vermag die Nullpunktsituation etwas von der Plötzlichkeit und explosivartigen Kraft zu erklären, mit der die Rhetorik seit Ende des 19. Jahrhunderts das öffentliche Leben zu beherrschen beginnt, so daß man geradezu von redenden Zeiten gesprochen hat. Hier offenbart sich ein Phänomen, das man in anderen, individualpsychologischen Zusammenhängen als eine „Wiederkehr des Verdrängten" bezeichnet, wobei diese Wiedererscheinung in verzerrter, entstellter Weise geschieht. Die Analogie ist lehrreich, denn tatsächlich ist das, was sich da zunächst im Kaiserreich, dann in der Weimarer Republik und schließlich im Dritten Reich rednerisch Bahn bricht, einerseits die Erneuerung rhetorischer Sozialtechnologie, wie wir sie seit der Antike kennen, andererseits wird das so lange Abgewehrte und Verdrängte von eigenen Gesetzen beherrscht, die einem Kompromiß entstammen: und zwar dem Kompromiß zwischen den historischen, auch mentalitätsgeschichtlichen Kräften, die die Rhetorik seit

Jahrhunderten in Deutschland verdrängt haben, und der überlieferten Gestalt der Beredsamkeit selber.

Überlegungen dieser Art waren den Zeitgenossen nicht fremd: „Wir erleben im Kunstgewerbe das Aufkommen eines deutschen Stiles. Möge er reif werden und nicht in neue Künsteleien verfallen! Etwas Aehnliches vollzieht sich in der Rede, nur geht es viel unbewußter vor sich, was kein Schade ist. Bismarck ist ein Wendepunkt gewesen. Die meisten seiner parlamentarischen Zeitgenossen sprachen noch vorbismarkkisch, schillerisch, romanisch, waren Schüler der Lateinschulen und wollten klassisch wirken. [...] Aber Bismarck selber war stärker als sie alle, denn er redete nicht wie die Schriftgelehrten, sondern wie einer, der Macht hat über Menschen und Dinge. Er sprach nicht glatt, war kein Cicero, aber Europa hörte ihm zu, weil er etwas zu sagen hatte." (Naumann, *Kunst der Rede*, 21f.)

Diese Sätze stammen von Friedrich Naumann, dem Ziehvater der liberalen Bewegung in Deutschland. Er ist ein besonders geeigneter Zeuge des erwachenden rhetorischen Geistes, weil seine Lebenszeit (1860–1919) mit der *Wilhelminischen Epoche* so ziemlich übereinstimmt, weil er zudem fast gleich alt mit dem 1859 geborenen Kaiser, seinem rhetorischen Rivalen und Gegenspieler, war und weil er schließlich nicht nur die rednerische Praxis glänzend beherrschte, sondern sich auch über die *Kunst der Rede* in einer Schrift gleichen Titels Gedanken machte. Nun müssen die gerade zitierten Sätze etwas genauer betrachtet werden. In ihnen offenbart sich der Mechanismus einer Wiederkehr des Verdrängten beinah wie in einem Lehrbuch. Der deutsche Stil erscheint als Kompromißbildung aus jener Redekunst, für die der Name Ciceros und seiner schillerischen und romanischen Nachfahren steht, und einer davon unabhängigen spezifisch deutschen Tradition, die sich staatlich als autoritäre Monarchie, ideologisch in „Sachlichkeit", „Einfachheit", „Natürlichkeit" (vgl. ebd. 23) darstellt, wie Naumann Bismarck an anderer Stelle charakterisiert – deren Ergebnis dann aber paradoxerweise genau jener Predigtstil ist, in dem Wilhelm II. (1859–1941) so gerne paradierte und dem auch der einstige Pfarrer Naumann ausgiebig frönte.

„Kaiser Wilhelm II. ist ein geborener Redner, und er macht ausgiebig Gebrauch von seinem Talent, da er es für notwendig hält, auch seine Person vollständig einzusetzen, wenn es gilt, für seine Ideen Propaganda zu machen oder die von ihm für notwendig und richtig erkannten Pläne zur Ausführung zu bringen." (Klaußmann, *Kaiserreden*, V) Das Rednerporträt stammt von dem Herausgeber kaiserlicher Reden Oskar Klaußmann, der schon zu diesem Zeitpunkt (1902) weit mehr als 400 Reden und Ansprachen des Kaisers zählte, und es wird auch von späteren Historikern bestätigt. Wilhelm war in der Kunst der Herrscherrede wohlbewandert, die konventionellen Ansprachen vor Volk und Heer, die Toasts und Einweihungsreden klingen bei ihm nicht viel unterschiedlicher als bei anderen gekrönten Häuptern in Europa, doch, anders als in einer wirklichen konstitutionellen Monarchie, mißachtete er das Parlament, obwohl er an zwei Verfassungen, an den preußischen Landtag und den deutschen Reichstag, gebunden war, freilich ohne auf sie jemals vereidigt worden zu sein – ein fragwürdiges Verdienst Bismarcks. Jedermann kennt die Gründe: Wilhelm II. konnte sich auf seine absolute Kommandogewalt beim Militär und auf das Alleinentscheidungsrecht in allen Personalangelegenheiten stützen. Den eigenen Redestil, eine Mischung aus unangemessener Drastik und Anachronismen, aus neutönenden Signalen und hemmungslos auftrumpfender Militanz, muß man gleichfalls auch als Reflex realer Machtvollkommenheit sehen. Hinzu tritt ein Sendungsbewußtsein, und zu seinen bevorzugten Liebhabereien gehörte es, an Bord seines Schiffes selber den Gottesdienst zu halten: in vielen seiner Reden ist es fast, als hörte man einen Pfarrer von der Kanzel wettern. Wichtig ist dieser Punkt deswegen, weil die Beredsamkeit der Pastoren und ihrer Schüler über Jahrhunderte hinweg die wichtigste prägende rhetorische Kraft in Deutschland gewesen ist, und der Tonfall der Predigt ebenso wie homiletische Erzählung und Argumentation zu jenen verzerrenden Elementen in der Wiederkehr der verdrängten Rhetorik gehören, die seit Wilhelm II. die politische Bühne beherrschen. Das ist auch buchstäblich gemeint: Der als „Paradekaiser“ belächelte Wilhelm mit seiner Vorliebe für Kostüme und Uniformen inszenierte seine rhetorischen Aktionen auch als theatralische Ereignisse. Das ist nicht so merkwürdig, wie manch zeitgenössischer Kritiker ebenso wie viele spätere Historiker wohl meinen mochten. Auch die Theatralisierung der Politik gehört zu den Grundzügen der Epoche. Im Stil wirkt sie befremdlich, greift aber in ihrem innersten Begriff und rhetorischen Verständnis auf Strategien und Praktiken unseres Medienzeitalters voraus.

Die Aufmerksamkeit auf die Umstände der Rede, auf Raum und Zeit, Artikulation und Sprechtempo, auf den gesamten Bereich der rhetorischen *actio* also, beherrschte Naumanns rhetorische Reflexionen ebenso wie die Praxis seines kaiserlichen Gegen-Redners. In Ewald Geißler (1880–1946), dem jungen Hallenser Sprechwissenschaftler, der 1906 seine universitäre Lehrtätigkeit aufnahm, fanden sie einen später besonders einflußreichen rhetorischen Kompatrioten. Auch Geißler hatte es sich zum Ziel gesetzt, die „alte Rhetorik“ durch eine „deutsche Rhetorik“ zu ersetzen, deren „Bausteine nicht in Griechenland und Rom (zu) suchen“ seien, sondern „von den modernen Wissenschaften und Kulturverhältnissen ausgehen“ (Geißler, *Rhetorik* II, 18) müsse. Im lebendigen Sprechen, in der mündlichen Rede, in Lautgebärde und Selbstoffenbarung kulminiert diese Redekunst. „Das Endziel aber“, schreibt Geißler 1918, „dem der Redner über alle Widerstände hinweg zudrängt, ist, daß die Hörer so werden, wie er sie haben will. So denken, so fühlen, so wollen, so handeln. Alles Reden strebt zum Überreden. Das Überreden aber ist um so vollständiger, je weniger es durch spätere Einwirkungen wieder aufgehoben werden kann, je tiefer es in jenen Kern der Seele greift, der das Dauernde bleibt im Wechsel.“ (Ebd.)

Das ist beinahe der Gegensatz zu dem rhetorischen Ethos, das Aristoteles und Cicero formuliert und verkörpert hatten, und Geißler stellt sich die Interaktion zwischen Redner und Publikum dann auch folgerichtig als ein „Herrschen“ vor, das sich „auf den zu Beherrschenden“ einzustellen habe. Wie derart der Aristotelische Grundsatz der Rhetorik, daß das Publikum allein richtunggebend für den Redner sein müsse, in sein Gegenteil verkehrt wird, so wird die persönliche Überzeugungskraft des *vir bonus dicendi peritus*, des guten Redners, durch den „Zauber der Einzelpersönlichkeit mit ihren unwägbaren Kräfteausstrahlungen“ (Geißler, *Rhetorik* II, 25) ersetzt. Man kann schon aus diesen allgemeinen Thesen heraushören, welcher Art die redenden Zeiten sein werden, von denen Geißler später spricht, auch wenn es hier zunächst nur wilhelminische Gesinnungen sind, die er verrät.

Doch gab es auch schon eine alternative Möglichkeit rhetorischer Meinungsbildung in einer inzwischen demokratischen Gesellschaft. Verkörpert wird sie von einem Politiker wie Walter Rathenau (1867–1922), der die seltene Synthese von Wirtschaft, Wissenschaft und Kunst, von universaler Bildung und Rhetorik, von demokratischem Pluralismus der Meinungen und einer sittlichen Staatsidee, von Utopie und Realpolitik verkörperte wie kein anderer Redner seiner Zeit. Seine Ermordung bedeutete auch das Fanal einer Redekunst, die an die klassischen Vorbilder anknüpfte, indem sie die rhetorischen Mittel gerade einsetzte, um in kontrovers diskutierten, ja ideologisch verfestigten politischen Fragen dennoch zu vernünftigen Entscheidungen zu kommen, eine Auffassung vom *genus deliberativum*, von der politischen als einer demokratisch beratenden Rede, die freilich ganz unzeitgemäß war und zwischen den militant erstarrten Fronten keine Chance hatte. Nein, es sind nicht die faktischen Gegebenheiten oder der angeblich eherne Lauf der Geschichte allein, die es hier zu erfahren und zu erkennen gilt. Sondern, daß die Möglichkeiten vielfältiger waren und eine andere Zukunft die Zeitgenossen am Rockzipfel ergreifen konnte, als es diejenige war, die dann zur Wirklichkeit drängte. Doch auch die zweifelnde Frage mag hier angebracht sein, ob nicht gerade die von Rathenau repräsentierte Rhetorik des gebildeten, informierten Diskurses, der die konkurrierenden Standpunkte in eine Erörterung von Sachfragen überführen möchte, in die zwar Stimmungen und herrschende Interessen miteinfließen, ohne aber ausschlaggebend zu werden – ob nicht dieses klassische Modell politischer Beratungsrede deshalb zum Scheitern verurteilt war, weil es den Strukturwandel der Rhetorik zum Massenmedium nicht berücksichtigte. Man kann sogar noch einen Schritt weiter gehen. Denn Rathenaus Rhetorik erwächst auf dem Grund jener Kompromißbildungen, von denen wiederholt die Rede war und die sich in seinem Falle aus Abkömmlingen der deutschen idealistischen Philosophie ergeben.

Der Weg zur politischen Macht führte in einer die Gewalt der Rede entdeckenden, ihr mehr und mehr verfallenden Gesellschaft nicht über die rhetorische Rationalität und das ihr entsprechende Publikum, nämlich die alle kompetenten und vernünftigen Bürger umfassende aufgeklärte Öffentlichkeit, sondern über die Rede als Massenmedium. Denn nicht auf die Ergebnisse, die politische Entscheidung, kommt es an, sondern auf deren massenwirksame Darstellung in der Rede. Die massenkommunikative Verbindungsfunktion des Rede-Erlebnisses wird in den Dienst politischen Machtstrebens, politischer Machtergreifung und Machterhaltung gestellt. Vor der Erfindung von Film und Fernsehen war kein anderes Medium derjenigen der Rede-Inszenierung an Suggestionskraft und dem Schein der Authentizität überlegen. Der Redner interpretiert sich in und mit seiner Rede selbst, die Inszenierung in der Rede-Arena wirkt so unmittelbar und eindringlich, daß alternative Vorstellungen dagegen nicht mehr aufkommen. Der direkte Kontakt, das Händeschütteln, Kinder-Hochheben, Zuhörer-Ansprechen sind in Wahrheit Simulationen, Ergebnisse sorgfältiger Inszenierung. Und so begreift man auch, wie es zu der Hochschätzung der Rede-Aktion selbst in der Theorie kommen konnte und zur Reduktion der rhetorischen Doktrin auf die „Zauberkraft des gesprochenen Wortes“ (Hitler, *Mein Kampf*, 116), um es an dieser Stelle schon mit dem Meister rhetorischer Selbstinszenierung, Adolf Hitler (1889–1945), zu sagen.

Wie eine solche höchst moderne Mediatisierung der Rhetorik sich unabhängig von politischen Inhalten durchsetzt und in welcher Form sich das Kommunikationsverhalten an die Produktionsbedingungen der Redeaufführung anpaßt, dafür sollen zur Verdeutlichung drei Beispiele dienen. Dabei wird sich auch schon zeigen, daß sich die Massenwirkung der Rede durch den Einsatz technischer Medien (vor allem des Rundfunks) zwar beträchtlich steigern läßt, die Struktur der Massenkommunikation selber von ihnen nicht berührt wird, wenn das Regiebuch der Rede mit den leitenden Gesichtspunkten ihrer medialen Wiedergabe übereinstimmt. Das ist freilich nur dann der Fall, wenn der Redner nicht nur Herr der rhetorischen Situation, sondern ebenso der technischen Medien ist. „Ich erfahre abends durch Ferngespräche", so notierte Joseph Goebbels (1897–1945) am 10. Februar 1933 in sein Tagebuch, „daß die Rede von einer fabelhaften Wirkung auch im Lautsprecher war. Der Lautsprecher ist ein Instrument der Massenpropaganda, das man in seiner Wirksamkeit heute noch gar nicht abschätzen kann. Jedenfalls haben unsere Gegner nichts damit anzufangen gewußt. Um so besser müssen wir lernen, damit umzugehen." (Goebbels, *Tagebücher*, Bd. 2, 372)

Das erste Beispiel für die Funktionalisierung der Rede als Massenkommunikationsmittel liefert eine Rednerin, die eine ganz eigene und durchaus verführerische Auffassung von ihren Adressaten entwickelt hat: gemeint ist Rosa Luxemburg (1871–1919). Ihr Glaube an die Produktivität und Spontanität der Masse trennte sie von den meisten sozialistischen Führern ihrer Epoche. „Die Masse muß selbst ihre Aufgabe und ihren Weg kennen", forderte sie. „Dies ist eine unerläßliche historische Bedingung der sozialdemokratischen Aktion; in derselben Weise hat die frühere Unwissenheit der Masse die Bedingung für die Aktion der herrschenden Klasse dargestellt. So löst sich der Widerspruch zwischen dem Führer und einer Majorität, die sich hinter ihm herschleppt, auf, und die Beziehung zwischen Masse und Führer kehrt sich um." (Sperber, *Die Achillesferse*, 42) Ein heroischer Irrtum, wie sich bald herausstellen sollte, doch hat er eine Rhetorik hervorgebracht, in der die Rede zwar ebenfalls als Massenkommunikationsmittel eingesetzt wird, der Adressat aber nicht als passiver Rezipient, sondern als aktiver, mündiger Partner aufgefaßt und angeredet werden soll. Doch eben dieses Publikum gab es nicht, und die desillusionierende Erfahrung erzeugte auch ein neues Verständnis von Rede, neu jedenfalls, wenn man es an dem Anspruch mißt, den Rosa Luxemburg in ihren Reden zunächst vertreten hatte. Deren Kunst der Vereinfachung und Zuspitzung, der Verständlichkeit durch klare, wirksam gegliederte Argumentreihen, des ironischen Zitats und der schneidenden Widerlegung weicht mehr und mehr einer emotional bewegenden Redeweise, die auch zunehmend zu pathetischen und polemischen Techniken ihre Zuflucht nimmt, entsprechend der Erkenntnis, die sie 1918 auf dem Gründungsparteitag der KPD vortrug: daß nämlich die Massen noch unreif seien und der Leitung und Erziehung bedürften (weshalb sie für die Teilnahme der KPD an der Nationalversammlung plädierte, weil dadurch die so dringend nötige Zeit gewonnen werden könnte). Die rhetorische Produktion von Politik erfährt damit auch auf der Linken eine tiefgreifende Veränderung: auf das rhetorische Erscheinungsbild allein kommt es an, um die noch unreifen Massen dennoch zur Zustimmung für die sozialistische Politik zu bewegen.

Was sich bei Rosa Luxemburg erst ankündigt und durch ihre unzweideutige humanistische Gesinnung gebremst wird, kommt bei ihrem Mitstreiter Karl Liebknecht (1871–1919) nun ganz umfassend zur Geltung. Liebknecht, von Beruf Rechtsanwalt, Sohn des neben August Bebel (1840–1913) bedeutendsten Führers der SPD, Wilhelm Liebknecht (1816–1916), war ein Praktiker des politischen Kampfes, immer aus der Situation heraus agierend. „Liebknechts Haltung ist so wie immer“, spottete Rosa Luxemburg gelegentlich, „ein Sprung nach rechts, einer nach links.“ (Kühn, *Auf den Barrikaden des mutigen Wortes*, 93) Er wußte das auch selber, bekannte, daß ihn „das erste Produzieren, das Heraussprudeln, das eigentlich Zeugen und Gebären“ am meisten interessiere und seine ganze Kraft gehöre „dem Tage, wo es gelte, kämpfend eine neue Welt zu schaffen“ (ebd.). Die Überzeugungskraft der lebendigen Redeaktion ist – ganz im Sinne Geißlers – auch sein Metier, und die forensische Beredsamkeit liefert ihm nicht unerwartet das Modell für seine politischen Auftritte. Dabei schlüpft er abwechselnd in die Rollen von Anwalt, Ankläger und Richter, seine Redeauftritte geraten ihm wie von selbst zu spektakulären Gerichtsverfahren, und jedes wirkungskräftige Mittel ist ihm recht, wenn es die Effekte der Rede-Show verlangen. Liebknecht knüpft das rednerische Ethos an den politischen Zweck, der über die rhetorische Aktion entscheidet, womit der Redner nun gänzlich zum Medium einer überpersonalen Instanz wird, in deren Auftrag er agiert. Rede geht über in Agitation, erscheint als mediales Ereignis, dessen Modell die Gerichtsarena abliefert. „Du tadelst", so verteidigte er sich gegen einen Vorwurf seiner Frau, „ich wiederholte oft dasselbe. Es ist nicht Greisenschwäche! Es ist Hämmern – bis der Nagel festsitzt. Axtschlagen – bis der Baum fällt. Pochen – bis Schlafende aufwachen. Peitschen – bis Träge und Feige aufstehn und handeln." (Kühn, *Auf den Barrikaden des mutigen Wortes*, 100) Die politische Botschaft gleicht sich ihrem medial-rhetorischen Erscheinungsbild bis zur Verwechslung an. Sogar bis zur Verwechslung mit dem politischen Gegner.

Womit das dritte Beispiel schon Konturen gewinnt, und wirklich erreicht die Umwandlung der Rede in ein Massenmedium in Hitlers Rhetorik einen zu seiner Zeit und weit darüber hinaus nicht wieder erreichten Höhepunkt. Er wird durch Vielfalt und Perfektion der technischen Medien selbst heute vielleicht nur noch von den großen Wahlkampfveranstaltungen in den USA und jenem Staatstheater überboten, das die amtierenden amerikanischen Präsidenten anläßlich ihrer Reden zur Lage der Nation aufzubieten pflegen. Nun ist es merkwürdig, ja irritierend, daß der Redner Adolf Hitler von den Kulturkritikern, Historikern, Intellektuellen nach 1945 in der Regel rhetorisch höchst gering eingeschätzt wird, dagegen sein Propagandaminister Joseph Goebbels als die eigentliche rednerische Kraft des Dritten Reiches aufgefaßt wird. Rolf Hochhuth war einer der wenigen, der in jüngerer Zeit an diesem Bild einige Fragezeichen anbrachte, von Goebbels' „krankhafte(r) Redesucht" (Goebbels, *Tagebücher 1945*, 19) sprach und ihm einen Predigtstil bescheinigte, dessen Wirkung vor allem auf dem unbeirrbaren, geradezu besessenen Glauben an seinen Führer beruhte; indem er sich zu dessen enthusiastischem Verkünder machte, gelang es auch ihm, die Massen hinzureißen. Zu Hitlers 53. Geburtstag 1942 offenbart er unverstellt diesen Beweggrund seiner persuasiven Erfolge: „Aus der Glut der Begeisterung, mit der sich die Millionenmassen Hitler und seiner Idee hingaben, meinte man den Schrei herauszuhören, der Deutschland zur Zeit der Kreuzzüge erbeben ließ: ‚Gott will es!'" (Hochhuth, *Täter und Denker*, 214) Hier haben wir etwas, das mehr ist als bloße hyperbolische Übersteigerung, hier haben wir das Selbstporträt eines fanatischen Jüngers, der alle Kraft vom Meister bezieht und es ihm mit unbedingter Gefolgschaftstreue vergilt.

Auch Adolf Hitler war kein bloß naturwüchsiger Redner. Der Autor von *Mein Kampf* schildert durchaus glaubwürdig, wie seine rhetorischen Fertigkeiten aus der reflektierten Erfahrung wuchsen: „Wir haben wahrlich nicht um die ‚Gunst der Massen gebuhlt', sondern sind dem Wahnsinn dieses Volkes entgegengetreten, überall. Fast immer war es so, daß ich in diesen Jahren vor eine Versammlung von Menschen trat, die an das Gegenteilige von dem glaubten, was ich sagen wollte, und das Gegenteil von dem wollten, was ich glaubte. Dann war es die Aufgabe von zwei Stunden, zwei- bis dreitausend Menschen aus ihrer bisherigen Überzeugung herauszuheben, Schlag um Schlag das Fundament ihrer bisherigen Einsichten zu zertrümmern und sie schließlich hinüberzuleiten auf den Boden unserer Überzeugung und Weltanschauung. – Ich habe damals in kurzer Zeit etwas Wichtiges gelernt, nämlich *dem Feinde die Waffe seiner Entgegnung gleich selber aus der Hand zu schlagen.* Man merkte bald, daß unsere Gegner, besonders in Gestalt ihrer Diskussionsredner, mit einem ganz bestimmten ‚Repertoire' auftraten, in welchem immer wiederkehrende Einwände gegen unsere Behauptungen erhoben wurden, so daß die Gleichartigkeit dieses Vorgangs auf eine zielbewußte einheitliche Schulung hinwies. Und so war es ja auch. Wir konnten hier die unglaubliche Disziplinierheit der Propaganda unserer Gegner kennenlernen, und es ist heute noch mein Stolz, das Mittel gefunden zu haben, diese Propaganda nicht nur unwirksam zu machen, sondern ihre Macher endlich selbst damit zu schlagen. Zwei Jahre später war ich Herr in dieser Kunst." (Hitler, *Mein Kampf*, 522)

Die Probe mag genügen. Sie führt einen Fall vor Augen, der als Modellbeispiel durch die rhetorischen Lehrbücher wandert, daß nämlich die Redekunst aus der kontrollierten oratorischen Praxis entsteht und *doctrina* und *ars*, Theorie und Lehre, erst anschließend zum Zuge kommen. Natürlich hat sich Hitler auch einschlägig informiert, und die Verabsolutierung der Redeaktion, auf die hin alle Vorbereitungen ausgerichtet werden sollen, weist schon in die richtige Gegend: die deutsche Rhetorik, die Geißler, Erich Drach (1885–1935) und andere entwickelt hatten. Es bedurfte nicht einmal der Radikalisierung, um daraus ein nationalsozialistisches Rede-Instrumentarium zu gewinnen: vom Redeziel der Beherrschung des Publikums und der Vernichtung gegnerischer Meinungen bis zur unwiderstehlichen Gewalt der Redesituation, von der Verbindung menschlicher Leidenschaften bis hin zum rauschhaften Gemeinschaftserlebnis durch die Redeaufführung. Natürlich ist die Widerlegung des Gegners in der Hierarchie der Redeziele nur eine erste Etappe, die Voraussetzung des eigentlichen Zweckes, nämlich die eigene politische Idee der Masse so aufzuzwingen, daß jeder einzelne glaubt, er habe sie selber gefunden. Hier ist es nicht auf Beratung mit dem Ziel eines Konsenses abgesehen, die Wahrheit soll durch den, der sie besitzt, allen, denen sie noch fehlt, unwiderruflich aufgeprägt werden. Rhetorik wird als reine Technik des Austausches von Ideen, Vorurteilen, Stimmungen, Empfindungen verstanden, der Redner erscheint wie ein Operateur, der das gesunde an die Stelle des kranken Organs setzt. Daher spielt die Tageszeit (nicht Vormittag, sondern Abend), spielen Raum und Beleuchtung, Zeichen und Symbole eine so wichtige Rolle für die Narkotisierung, die dem operativen Akt der

Implantation vorausgehen muß. Den persuasiven Charakter der politischen Rede identifizierte Hitler mit Überwältigung. Seine politische Rede ist Verkündigungsrede, Offenbarungsrede, die die wahre Lehre in das „Herz des Volkes" transportiert, und das auf militante missionarische Weise, mit der Vorstellung des Glaubenskrieges dahinter. Um nur ein Beispiel zu nennen: Die berühmte Wahlkampfrede im Sportpalast am 10.2.1933 gipfelte sich zum Schluß in eine Predigt-*peroratio* hinauf: „Denn ich kann mich nicht lösen von dem Glauben an mein Volk, kann mich nicht lossagen von der Überzeugung, daß diese Nation wieder einst auferstehen wird, kann mich nicht entfernen von der Liebe zu diesem meinem Volk und hege felsenfest die Überzeugung, daß eben doch einmal die Stunde kommt, in der die Millionen, die uns heute hassen, hinter uns stehen und mit uns dann begrüßen werden das gemeinsam geschaffene, mühsam erkämpfte, bitter erworbene neue deutsche Reich der Größe und der Ehre und der Kraft und der Herrlichkeit und der Gerechtigkeit. Amen." (Domarus; *Hitler, Reden und Proklamationen*, Bd. 1, 208)

Solche Formeln wirkten wie Signale und verdeutlichen noch heute den engen Zusammenhang von Mission und Propaganda, der auch historisch verbürgt ist: *Congregatio de propaganda fide* hieß die von Gregor XV. (1554–1623) 1622 in Rom gegründete Gesellschaft zur Verbreitung des Katholizismus unter den Heiden und zur Ausrottung der Ketzerei. Und so verwundert es nicht, daß es überraschende Parallelen zwischen der traditionellen christlichen Predigtlehre und Hitlers Rhetorik gibt, die manchmal wie eine geistliche Beredsamkeit ohne Religion erscheint. Doch damit genug der Hinweise auf den theoretischen Hintergrund, der durch Bausteine aus der zeitgenössischen Massenpsychologie (Le Bon) noch ergänzt wurde: aus ihr vor allem hat er sein Bild vom Massenpublikum als triebhaftes, gefühlsgeleitetes, passiv-bewegliches, weibliches Objekt der Geschichte bezogen.

Aber das ist nicht alles. Hitlers Reden, man weiß es, waren sehr lang, und ihr Erfolg widerlegt einen populärrhetorischen Allgemeinplatz, daß eine Rede alles sein darf – nur nicht länger als zehn Minuten. Zwei, zweieinhalb Stunden waren normal, drei Stunden nicht selten, und sogar vier Stunden kamen vor. Doch was wie ein rhetorischer Regelverstoß erscheinen kann, führt in Wahrheit zum wichtigsten Beweggrund von Hitlers rednerischem Erfolg. Ganz absichtlich begann er langsam, gemessen, professoral dozierend, mit schier endlosen geschichtlichen und weltanschaulichen Betrachtungen, die nur manchmal durch (gleichsam vorausdeutende) schneidende oder sogar schrille Aufgipfelungen der Stimme unterbrochen wurden und die Hörer schockartig aus einer gewissen Stimmung des ‚Eingelulltseins' und der entspannten Geistesabwesenheit in die Gegenwart zurückrissen. Dieses Vorgehen steigerte er im zweiten Teil der Rede, die Wechsel wurden kürzer, das Tempo schneller, die sowieso immer überreizte Stimme trieb er bis in ekstatische Tonarten hinein, die in ein kaum noch artikuliertes Gebrüll von großer Lautstärke gleichsam überschnappen konnten. Daher bevorzugte er den geschlossenen Raum der mit seinen Hall-Effekten großen Kirchenschiffen vergleichbar war (im Freien ging, beim damaligen Stand der Tontechnik, zuviel von dieser Sprech-Inszenierung verloren); zudem wirkten die Marschmusik (der Badenweiler zur Eröffnung), die Parteilieder besser, und der Kontakt zum Zuhörer war enger.

Die Rede Adolf Hitlers war niemals politische Beratungsrede im klassischen, auch im klassischen parlamentarischen Verständnis; ihre einzige Aufgabe bestand darin, das eigene politische Glaubensbekenntnis, die Idolatrie der eigenen Führerpersönlichkeit wieder und wieder massen- und medienwirksam zu inszenieren, also ein Medienspektakel aufzuführen, das die vornehmlich emotionalen, ästhetischen Bedürfnisse eines Massenpublikums befriedigte. Da die politischen Vorstellungen rhetorisch längst an die Produktionsbedingungen dieses Spektakels angepaßt waren, funktionierte die massenkommunikative Brücke auch ideologisch – die Inhalte wurden mit ihrem rhetorischen Design eingenommen.

Seit Mitte des Jahrhunderts und unter dem Einfluß amerikanischer Verhältnisse nähert sich die Politik wiederum mehr und mehr der Medienunterhaltung. Beratungsreden gibt es – auch in den Parlamenten – kaum noch; die in Ausschüssen, Parteigremien oder internen Bündnissen getroffenen Entscheidungen benötigen die Rhetorik allein zur nachträglichen Werbung um eine möglichst umfassende Zustimmung beim Bürger. Und der Politiker selber braucht sie zur Produktion seiner öffentlichen *imago*. Es kommt nicht auf sachliche Ergebnisse an, der Streit der Meinungen soll nicht den besten Konsens, sondern die spannendste Inszenierung hervorbringen. Die Berichterstattung in den Medien ist der Gradmesser für die politische Kompetenz der Akteure. Die Rednerfolge bei großen Plenardebatten richten sich konsequenterweise nach den journalistischen Präsenzzeiten auf der Pressetribüne. Ist das Fernsehen anwesend, entwickeln selbst Hinterbänkler rhetorischen Ehrgeiz.

Der politische Substanzverlust läßt sich freilich nicht durch Verzicht auf Rhetorik wieder wettmachen, wie es der große und nur historisch verständliche Irrtum der deutschen Nachkriegspolitik suggerierte. Die Reaktion gegen die rednerischen Exzesse der nationalsozialistischen Vergangenheit führte zu größter rhetorischer Enthaltsamkeit. Das Ergebnis ist bekannt: Der Bundestag, in dem sich ein noch von vergangenem Weimarer Pathos zeugender Kurt Schumacher (1913–1952) und der Rhetorikverächter Konrad Adenauer (1876–1967) gegenüberstanden, bot für Jahrzehnte den Anblick einer rhetorischen Wüste, in der einzelne und oft eher unkultivierte oratorische Begabungen wie Franz Josef Strauß (1915–1988) oder Herbert Wehner (1906–1990) schon herausragten und ein *Homme de lettres* wie Theodor Heuss (1884–1963), wie Carlo Schmid (1896–1976) als Fremdkörper wirkte. In den Schulen gab es keine rhetorische Erziehung, der nicht grundlos so genannte Besinnungsaufsatz stand ganz im Banne eines heruntergekommenen Idealismus, die akademischen Geisteswissenschaften verschrieben sich der unpolitischen und unrhetorischen Hermeneutik. Das änderte sich in den sechziger Jahren ein wenig. Rhetorische Argumentation fand hier und da Eingang in Deutschunterricht oder Gemeinschaftskunde, in der außerparlamentarischen Opposition knüpfte man gelegentlich an die politische Rede der Weimarer Republik an. Doch das blieben Zwischenspiele, die keine rhetorische Kompetenz vermittelten. So kommt es, daß der rhetorischen Perfektion, die zunehmend das politische und wirtschaftliche Leben in Deutschland bestimmt, kein rhetorisches Wissen in der Bevölkerung entspricht.

3. Neue Rhetorik

Die Wiederentdeckung und systematische Rezeption der Rhetorik im 20. Jahrhundert geht von den USA aus, wo sie sich seit den zwanziger Jahren zu etablieren beginnt (*New Rhetoric*). Drei Faktoren wirkten dabei zusammen:

Zunächst machen Werbung und Propaganda die Macht, die die Gesellschaft über den Menschen gewonnen hat, als Manipulation sichtbar. Das war nicht unproblematisch, denn Persuasion dient hier als Mittel von Gleichschaltung und Unterordnung. Der Aufstieg totalitärer Staaten in Europa und Asien motiviert daher die Versuche zu einer durchgreifenden Neubestimmung der Kommunikation, da in ihnen Sprache als Mittel der Kontrolle und zur Erzeugung mentaler Abhängigkeit benutzt wird und die rhetorischen Formen und Symbole im Zusammenspiel mit den neuen Medien eine bislang nie erreichte Wirksamkeit entfalten. Ein erstes zusammenfassendes Ergebnis der rhetorischen Propagandaforschung legte Kenneth Burke (1897–1993) 1939 mit seinem Buch *Die Rhetorik in Hitlers „Mein Kampf“* vor.

Eine zweite rhetorisch bedeutsame Entwicklung bringt die Rundfunk-Kommunikation in den zwanziger Jahren, an die sich der Aufbau des Fernsehens anschloß. Diese neuen Medien eröffnen ganz andere, perfektere Möglichkeiten, die Denkweisen, das Verhalten und die sozialen Gewohnheiten mittels sprachlicher und bildlicher Symbole zu prägen.

Schließlich erzeugt die zunehmende Demokratisierung aller gesellschaftlichen Institutionen und das damit verbundene Potential an Mitsprache- und Mitwirkungsmöglichkeit der Bürger, also die umfassende „politische Aktivität amerikanischer Bürger" (J. L. Woodward), ein Bedürfnis nach rhetorischen, argumentativen Fähigkeiten.

Sieht man genauer hin, so bieten die unter der Bezeichnung *New Rhetoric* zusammengefaßten Forschungsrichtungen ein höchst uneinheitliches Bild. Ihre Rezeption der rhetorischen Tradition ist zufällig und vor allem in den ersten Jahrzehnten in vielen Fällen ungenau. Als kleinster gemeinsamer Nenner bleibt oft nicht mehr als ihr Bezug auf die Rhetorik als einer linguistischen Disziplin, deren Gegenstand die Kunst des persuasiven Ausdrucks ist und die zugleich die Fertigkeiten bereitstellt, Persuasion praktisch zu erreichen. Wobei allerdings die grundlegende Bestimmung der Rhetorik als *Persuasion* an die alte Bedeutung des Terminus anknüpft, der schon in der Antike *Überreden* und *Überzeugen* zugleich meinte. Ausgehend vom persuasiven Charakter jeder menschlichen Kommunikation, entsteht so, aus vielen Facetten zusammengesetzt, in der New Rhetoric ein Bild von der gesellschaftlichen Wirklichkeit, das durch rhetorische Wirkungszusammenhänge bestimmt wird. Nur über die rhetorische Analyse dieser Mechanismen, so lautet eine zentrale These, kann daher auch das soziale Leben der Individuen erfaßt und verändert werden. Aufklärung über das persuasive Wesen der Gesellschaft und Vermittlung von Handlungsorientierungen im Sinne der Rhetorik als praktischer Philosophie können daher als gemeinsamer Grundzug der verschiedenen Tendenzen der New Rhetoric gelten. Die heute wohl drei wichtigsten Richtungen sind:

Als erstes die *psychologisch-kommunikationswissenschaftliche* Rhetorik, die „sich um eine objektive Beschreibung und Analyse der Vorgänge bei der Überredung" (Maccoby, *Die neue „wissenschaftliche" Rhetorik*, 57) bemüht.

Sodann die philosophisch orientierten *Argumentations- und Kommunikationstheorien*, die ihren gemeinsamen Bezugspunkt in der Aristotelischen *Rhetorik* haben, doch jeweils die Akzente anders setzen.

Schließlich die *linguistische*, auch *semiotisch* ausgerichtete Rhetorik, die von einer bloßen Rhetorik der Figuren bis zur

Konzeption eines umfassenden Zeichensystems der Rhetorik reicht.

Vor allem für die beiden ersten wurde die Aristotelische *Rhetorik* zur wichtigsten Quelle, denn sie behandelte als erstes Theoriewerk die Rhetorik als abgegrenztes Wissensgebiet, in welchem die Gegenstände nicht eindeutig bestimmt, sondern abhängig von der Erörterung, von Wahl und Entscheidung sind und das daher auch besondere und besonders auszubildende Fertigkeiten verlangt: nämlich beweiskräftig argumentieren und psychologisch glaubhaft darstellen zu können. Der Gebrauch psychologischer Einsichten für die Überzeugungsherstellung, den Aristoteles lehrt, hat seine Rhetorik für die bis dahin wenig erfolgreiche Kommunikationswissenschaft so attraktiv gemacht. „Aristoteles schied die Ethik von der Wissenschaft [...] Er beschäftigte sich mit der Kunst der Überredung, den Reaktionen der Seele, und er bemühte sich um eine objektive Analyse dieses Vorgangs, ohne Rücksicht auf die Frage nach Gut und Böse [...] Die neue Rhetorik beschäftigt sich nun gleichfalls mit dem Prozeß der Überredung [...] Im Gegensatz zu Aristoteles kann sie sich dabei aber auf den gesicherten Wissensbestand der modernen Psychologie im Hinblick auf menschliches Verhalten stützen." (Maccoby, *Die neue „wissenschaftliche" Rhetorik*, 56f.) Der zweite Schwerpunkt von Aristoteles' *Rhetorik* ist die Theorie des Meinungswissens und der wahrscheinlichen Schlüsse, der glaubhaften Argumentation aus einleuchtenden und von den meisten akzeptierten Grundannahmen. Aristoteles habe, so Perelman, „die klare Trennung von praktischen Disziplinen und theoretischen Wissenschaften" durchgeführt, wodurch die Funktion „der dialektischen Schritte und rhetorischen Diskurse" (Perelman, *Reich der Rhetorik*, 156f.) auf die gemeinsame Garantie für die Rationalität der praktischen Tätigkeiten festgelegt worden sei.

Zunächst war es die Schule Carl I. Hovlands (1913–1961), in der auf der Basis des Aristotelischen Rhetorikverständnisses und mit Hilfe behavioristisch-verhaltenspsychologischer Methoden der Prozeß der Gesinnungsbeeinflussung untersucht und experimentell erprobt wurde. Als wichtigste Leitfragen verdienen hervorgehoben zu werden: Welchen Einfluß haben die Darbietungsformen auf die Einstellung der Adressaten? (Eins der Ergebnisse besagt, daß die Darstellung oder Nennung gegnerischer Argumente am Anfang einer Rede tatsächlich die wirksamste Immunisierung gegen deren späteren Einfluß darstellt.) Macht es einen Unterschied, ob die Informationsquelle seriös, fragwürdig oder anonym erscheint? (Am Anfang ja, je mehr Zeit vergeht, um so geringer werden die Unterschiede.) Welche Persönlichkeitsfaktoren sind der Überredung günstig, gibt es der Überredung besonders leicht zugängliche oder besonders verschlossene Charaktere, und worauf beruhen diese Prägungen? Was geschieht, wenn die kognitiven und emotionalen Gewißheiten miteinander in Widerstreit geraten? (Milton J. Rosenbergs These: Das schwächere der beiden Überzeugungsmomente paßt sich dem stärkeren an.)

Die Vermutung liegt nahe, daß die klassische Aristotelische *Rhetorik* für diese Untersuchungen allenfalls den theoretischen und historischen Ausgangspunkt liefert, insofern in ihr die Theorie einer psychologischen Überzeugungsstrategie vorgebildet ist. Überredung ist für Hovland, Walter Weiss oder Irving L. Janis jeder sprachlichen Äußerung immanent („Whenever we use language, we are using persuasion.“; Winterwowd, *Rhetoric*, 4), ein ubiquitäres Rhetorikverständnis, das von anderen Theoretikern wie Ivor Armstrong Richards (1893–1979) (*The Philosophy of Rhetoric*, 1965) durch biologische und triebpsychologische Erklärungen zusätzlich begründet werden soll. Rhetorik bezieht sich in derartigen Konzeptionen dann konsequenterweise nicht mehr allein auf die Rede, sondern ist Bestandteil jedes Kommunikationsprozesses, auch wenn er sich in Tätigkeiten oder bloßen Haltungsänderungen ausdrückt; denn immer ist der Mensch um ein „wirksames Verständnis“, *comprehension* (Richards), seiner Überzeugungen bemüht, in welcher Gestalt sie auch auftreten. Den psychologischen Mechanismen, die der Persuasion zugrunde liegen und sie erst ermöglichen, gilt auch das Interesse jener Theoretiker, die den Schlüsselbegriff der alten Rhetorik „Überreden/Überzeugen" durch *Identifikation* ersetzen, wie das schon Kenneth Burke vorgeschlagen hatte. Denn wenn es dem Redner oder Autor gelingt, das Publikum mit seiner Botschaft zu identifizieren, so hat er damit auch die umfassendste und dauerhafteste Wirkung erreicht. Rhetorik geht an dieser Stelle über in die *Motivationsforschung*, die das Identifikationsbedürfnis in seinen verschiedenen Formen untersucht, klassifiziert und so instrumentell nutzbar macht; diese Seite der Rhetorik der Identifikation ist übrigens weiterentwickelt worden und liegt den meisten privatwirtschaftlichen Rhetorik-Kursen, der Verkäufer- und Manager-Schulung in den USA und der Bundesrepublik zugrunde.

Die Zweideutigkeit der Rhetorik, in ihrem formal-instrumentellen Charakter begründet, hat in ihrer Geschichte spätestens seit Platon immer wieder zu Rechtfertigungsversuchen geführt, die von den Theoretikern der *Neuen Rhetorik* im Lichte des Manipulationsvorwurfs wiederaufgenommen wurden und zu ebenfalls längst wohlvertrauten Rechtfertigungsversuchen führten. Henry W. Johnstone (geb. 1920) (*From Philosophy to Rhetoric and Back*, 1974) unterscheidet die „manipulative, unilateral rhetoric" von der „nomanipulative, bilateral rhetoric"(*From Philosophy to Rhetoric*, 59) und meint mit dieser „guten" Rhetorik ihre argumentationstheoretisch-philosophische Rekonstruktion, auch sie fußt auf der Aristotelischen *Rhetorik*, doch unter Einschluß der *Topik*, in welcher Aristoteles das dialektische Schlußverfahren behandelt hatte. „Er sah in ihr [der Rhetorik] das Gegenstück (*antistrophos*) zur Dialektik: diese bezieht sich auf die in einer Kontroverse oder Diskussion mit einem einzigen Gesprächspartner eingesetzten Argumente, während die Rhetorik die Techniken des Redners betrifft, der sich in der Öffentlichkeit an eine Menge wendet, die über kein spezialisiertes Wissen verfügt und schwierigeren Überlegungen nicht folgen kann. Die neue Rhetorik bezieht sich jedoch im Gegensatz zur alten auf Reden an sämtliche Arten von Zuhörerschaft [...] sie analysiert auch die Argumente, die man in einer inneren Überlegung an sich selbst richtet.“ (Perelman, *Reich der Rhetorik*, 14)

Chaïm Perelman (1912–1984), der herausragende Vertreter dieser argumentationstheoretischen Richtung der neuen Rhetorik, bringt Dialektik und Rhetorik zu einer neuen, an die Aufklärung erinnernden Synthese. Sie ist verbunden mit einer schroffen Wendung gegen die experimentelle Psychologie und die Hypertrophie des positivistischen Glaubens an die Beweiskraft der Augenscheinlichkeit. Perelmans rhetorische Argumentationslehre konzentriert sich auf die Erklärung der „quasi-logischen Argumente“, die aus der Struktur des Wirklichen folgen („Die vom Redner für seine These angeführten Gründe sind von einer anderen Art: es geht nicht um eine korrekte oder inkorrekte Beweisführung, sondern um stärkere oder schwächere Argumente.“; ebd. 60), behandelt aber auch die Argumentation durch Beispiel, Illustration und Modell, durch Analogie und Verhältnismäßigkeit, paradoxe oder tautologische Fügungen. Doch spielt die Rhetorik der Figuren (die Perelman als unzulässige Einschränkung und Verarmung kritisiert) nur eine geringe Rolle, während die Reihenfolge der Argumente (*dispositio*) dem persuasiven Ziel der Rede angemessen sein muß und folglich sorgfältige Beachtung erfordert. Kein Zweifel: Perelmans *Nouvelle rhétorique* ist eine genuine Fortführung der rhetorischen Tradition, gerade auch nach dem humanistischen Gehalt der Redekultur. „Statt eine notwendige und evidente erste Wahrheit zu suchen, von der all unser Wissen abhängt, verändern wir unsere Philosophie gemäß einer Sichtweise, nach der es die interagierenden Menschen und Gesellschaften sind, die allein für ihre Kultur, ihre Institutionen und ihre Zukunft verantwortlich sind, und die sich bemühen, vernünftige, unvollständige aber vervollkommenbare Systeme zu entwickeln. Der eigentliche Bereich von Argumentation, Dialektik und Rhetorik liegt dort, wo es um Werte geht.“ (Perelman, *Reich der Rhetorik*, 162) Seinem dialektischen Ansatz entsprechend, läßt er freilich die emotionale Überzeugungsherstellung unbeachtet und möchte sie aus dem argumentativen Diskurs ausgeschaltet sehen. Womit zwar den Problemen aus dem Wege gegangen wird, die sich aus einer vermögens- und kollektiv-psychologisch ausgerichteten rhetorischen Affektenlehre im Zeitalter der empirischen Psychologie, Sozialpsychologie und Psychoanalyse ergeben, doch damit ja die Erfahrung der emotionalen Wirksamkeit jeder Argumentation nicht etwa hinfällig wird.

Daß die New Rhetoric schließlich vielfach nur in einer Neubenennung geläufiger rhetorischer Sachverhalte besteht, macht etwa Richards mit den für seine Rhetorik zentralen Überlegungen zur Metapher deutlich: *tenor* nennt er den eigentlichen Sinn (*underlying idea*), *vehicle* den bezeichnenden Gegenstand, und die Grundbeziehung zwischen *tenor* und *vehicle*, das *tertium comparationis*, bezeichnet er mit *ground* (Fogarty, *I. A. Richards' Theory*, 353). Richards entwickelt also am Beispiel der Metapher eine *Zeichentheorie*, die dem antiken Paradigma nachgebildet ist. Unter diesem Aspekt gewinnen die traditionellen rhetorischen Kategorien den Charakter von Zeichen, die Rhetorik selber wird zur allgemeinen Zeichenlehre, die sprachliche, bildliche und auditive Phänomene gleichermaßen zu erfassen vermag. „Wenn wir heute von ‚antiker Semiotik' sprechen, dann nicht deshalb, weil es die besondere Disziplin der Semiotik im Fächerkanon des antiken Schulbetriebes schon gegeben hätte, sondern deshalb, weil die auf das Zeichenphänomen bezogenen Fragen und Antworten und die terminologische Fixierung dieser Aktivitäten und ihrer Resultate in der Antike diese Kennzeichnung rechtfertigen." (Oehler, *Aktualität der antiken Semiotik*, 215)

Die Tropen, vor allem *Metapher* und *Metonymie*, die schon Roman Jakobson (1896–1982) als herausgehobene Formen der Ersetzung verstand, werden von den meisten Autoren als die exemplarischen Zeichen aufgefaßt, an denen sich die semiotische Interpretation der Rhetorik besonders einsichtig machen läßt. „Eine Einheit steht anstelle einer anderen kraft einer ihnen gemeinsamen Ähnlichkeit. Aber die Ähnlichkeit hängt von der Tatsache ab, daß im Code schon fixierte Ersetzungsbeziehungen bestanden, die auf irgendeine Weise die ersetzten Größen mit den ersetzenden verbanden. Wenn die Verbindung unmittelbar ist, haben wir eine leichte Metapher [...] Wenn die Verbindung mittelbar ist [...], haben wir eine ‚gewagte' Metapher, den ‚Witz', die ‚agudeza'." (Eco, *Einführung in die Semiotik*, 183)

Den Mechanismus dieser Bedeutungsübertragung oder Ersetzung aus einem System der nicht-codierten ikonischen, buchstäblichen Information in ein zweites System der codierten ikonischen Nachricht untersucht Roland Barthes (1915–1980) am Beispiel eines Reklamebildes, wobei er zu dem Ergebnis kommt, daß die Inhaltsebene, das vom Bilde Bedeutete ein ideologisches Segment darstellt, das Bestandteil der kulturellen Einheit ist und mit einem Konnotationssignifikanten (der rhetorischen Figur) verbunden werden kann. Das Ordnungssystem dieser signifikanten Einheiten nennt Barthes *rhétorique*.

Auch wenn einzelne Autoren immer wieder die enge Konzentration der Semiotik auf den *elocutionellen*, d.h. stilistischen Bereich zu überwinden suchen, sogar praktische Gesichtspunkte der Text- oder Bilderzeugung mit in ihre Theorie einbeziehen (wie besonders Umberto Eco) und deren universale Gültigkeit bei der Mythenanalyse als eine Form der Ideologiekritik erweisen (Roland Barthes, *Mythen des Alltags*, 1957): zuletzt rekurrieren sie immer auf eine Rhetorik der Formen, die dazu tendiert, den Zeichen ihre rhetorische Qualität, und das ist ihre *Wirkungsintentionalität*, ihre bewußt zweckgerichtete Funktionsweise, zu nehmen oder doch allenfalls nur als eine Weise des Bedeutens neben anderen zu berücksichtigen. Und vollends gelöst wird die Rhetorik auf diese Weise aus dem Kontext des humanistischen Bildungssystems, in dem erst die spezifisch rhetorischen Wirkungsformen ihren rein instrumentellen Charakter verlieren.

In der Einleitung zu seiner einflußreichen „Allgemeinen Rhetorik" (1970), die Jaques Dubois (Professor für französische Literatur in Liège) zusammen mit anderen Autoren der Lütticher *Groupe μ* verfaßt hat, betont er, daß die Rhetorik ihr Wiederaufleben in Frankreich vor allem „dem Einfluß des

Sprachwissenschaftlers Roman Jakobson“ (Dubois, *Allgemeine Rhetorik*, 17) zu verdanken habe; auch Dubois' Konzeption der Rhetorik beschränkt sich im wesentlichen auf die Begründung und Einleitung eines neuen Figuren-Modells, und er geht dabei von einer Nullstufe der Sprache aus, die ihrem pragmatischen, normalen Gebrauch entspricht und den Maßstab für die Abweichungen liefert, die durch Überschuß (*adjonction*) oder Defizit (*suppression*), Ersatz (*suppression-adjonction*) oder Vertauschung (*permutation*) zustande kommen – Begriffe, in denen man unschwer die von Heinrich Lausberg (1912–1992) in seinem *Handbuch der literarischen Rhetorik* (1960) nach antik-rhetorischem Vorbild zusammengestellten „Änderungskategorien“ wiedererkennt. Die mit diesen Operationskategorien nach ihrem Gegenstandsbereich (Wort, Satz oder Bedeutung) vorgenommene Klassifikation der Figuren weist den gleichen Nachteil auf wie noch alle textsemiotisch oder sprachwissenschaftlich inspirierten Neufassungen der rhetorischen Figurenlehre: Präzision und Konsistenz des elocutionellen Systems werden zum selbstzweckhaften Ideal der Restrukturierung der Rhetorik, worunter die Brauchbarkeit in jeder Hinsicht leidet. Zudem entpuppen sich (wie hier) derartige Systeme dann meist als bloße Erneuerung einer einzelnen Perspektive antiker rhetorischer Stiltheorie, die an die Stelle ihres polyperspektivischen (aber als unwissenschaftlich geltenden) Zugriffs gesetzt und konsequent unter neuer Terminologie durchgeführt wird. Das Ergebnis besteht dann in eben jenen „technischen und abstoßenden Termini“, die „pedantisch und schwerfällig sind“ (Dubois, *Allgemeine Rhetorik*, 18) und der alten Rhetorik von ihren Kritikern zu Unrecht nachgesagt werden, wie ausgerechnet Dubois feststellte.

4. Angewandte Rhetorik

In der Erwachsenen- und Weiterbildung erkannte man nach dem 2. Weltkrieg zunehmend den praktischen Wert der Rhetorik; Manager- und Verkäuferschulungen, Rhetorikseminare für leitende Angestellte sollten sicheres und überzeugendes

Auftreten vermitteln, schließlich erschien zu diesem Thema eine große Anzahl von Schriften im Buchhandel, die sich auf die Rhetorik berufen und Erfolg und berufliches Weiterkommen versprechen. „Entweder", so stellt eine jener Gebrauchsrhetoriken die Alternative vor, „folgen Sie bereitwillig dem, der die Macht des Wortes zu benutzen weiß, oder Sie versuchen, die Redekunst zu erlernen, um jene geheimnisvolle Macht über andere auszuüben." (Wolter, *Die überzeugende Rede*, 7)

Im allgemeinen wird damit die klassische Lehre der Beredsamkeit vollständig instrumentalisiert, der klassische Redeaufbau auf eine kurze 5-Punkte-Formel reduziert, deren erster Punkt zum Erwecken von Interesse oder Neugierde anhält, deren letzter an den Handlungsappell der *peroratio* erinnert. „Checklisten" werden gereicht, die Vorbereitung und Erfolg überprüfbar machen sollen, kleine Zitatensammlungen beigegeben, mit denen Bildung vorgetäuscht werden kann, und oft werden Muster von Gelegenheitsreden den Ausführungen angehängt, deren Machart am Erfolg der eigenen Rezepte beim Autor zweifeln läßt. Rhetorik reduziert sich auf einprägsame Sätze und Regeln wie etwa die „AIDA-Formel" (= Aufmerksamkeit, Interesse, Definition der Grundgedanken, Abschluß) (Ebeling, *Rhetorik*, 99), daneben befaßt man sich mit „Tricks und Kniffe[n]" und allen wirkungsvollen Techniken der Manipulation. Auch in Lehrbüchern, die zu erfolgreicher „Gesprächstechnik und Verhandlungsführung" anleiten sollen, bleibt das Interesse der Autoren auf das rein Technische beschränkt und erschöpft sich in Ratschlägen für den Augenkontakt oder Anweisungen zur Gestik und Mimik. Eine ähnliche Beschränkung auf das Pragmatische findet man auch in anderen Bereichen der Gebrauchsrhetorik, etwa in Briefstellern, die zumeist auf formale Gestaltungshinweise hinauslaufen, auch in Anleitungs- und Musterbüchern zu Zeugnissen, Bewerbungs- oder Kondolenzbriefen. Das Ausbildungsziel der Autoren und Trainer läuft immer wieder auf zwei Gebrauchswertversprechen hinaus: auf die technische Verbesserung der Redefähigkeit, die von sprechtechnischer Schulung bis zur Argumentationstechnik reicht, und auf die Persönlichkeitsentwicklung, wobei die selbstsichere, freie, produktive Persönlichkeit als das Ergebnis rednerischer Vervollkommnung erwartet wird.

5. Rhetorik und Ästhetik

Obwohl sich im 19. Jahrhundert von Georg Wilhelm Friedrich Hegel (1770–1831) bis Friedrich Theodor Vischer (1807–1887) die *Genieästhetik* durchsetzt und als Autonomieästhetik bis heute die Moderne beherrscht, blieb die Wirkungsästhetik zumindest produktionstheoretisch erhalten und reaktivierte immer wieder die Verbindung zur überlieferten Rhetorik. Das war im Vormärz und Jungen Deutschland der Fall (z.B. Ludolf Wienbargs (1802–1872) *Ästhetische Feldzüge*), wiederholte sich bei den Linkshegelianern und Marxisten und greift auch ins 20. Jahrhundert über, wenn man an die Expressionismusdebatte, an die *littérature engagée*-Doktrin oder das technische Verständnis des literarischen Prozesses denkt, wie es Majakowskij, Valéry oder Enzensberger vertreten. Der Zugang zur Rhetorik eröffnet sich dabei entweder vom persuasiven Charakter des Kunstwerks her, der seine gesellschaftliche Wirkung ermöglicht, oder aber ganz im Gegenteil von der Kunstlehre her als dem Regelsystem eines nicht endenden, sich immer erneut aus sich selber generierenden Webens von Textualität. In vielen Fällen handelt es sich dabei um eine Rhetorik „après la lettre“, die erst in der zweiten Hälfte des 20. Jahrhunderts wieder eine bewußte Verbindung mit der rhetorischen Produktionstheorie eingeht. Die Entwicklung läßt sich deutlich am veränderten Gebrauch der Termini Poesie, Dichtung, Literatur ablesen.

Unter Hamanns und Herders Einfluß hatte der Begriff „Dichtung“ dem Begriff der „Poesie“ immer mehr den Platz streitig gemacht und sich auch von seinem Bezug auf die gebundene Rede gelöst. Dichtung wurde Ausdruck der Subjektivität des Dichters, seines „Naturtriebs“, den man nicht hemmen kann, „ohne das Geschöpf zu Grunde zu richten.“

(Goethe, *Wilhelm Meisters theatralische Sendung*, 78) Schiller dagegen hatte den Begriff wieder mehr objektiviert; Dichten bedeutete für ihn, „der Menschheit ihren möglichst vollständigen Ausdruck zu geben". In seiner Poetik wirkten noch deutlich erkennbar rhetorische Denkmodelle: Kunst und Technik gehören zusammen, der Dichter ist ein Macher, der seine Operationen interessiert kalkulierend überwacht. Damit wurde er zum Begründer von Theorien, die später bei Thomas Mann (1875–1955) oder Gottfried Benn (1886–1956) zum Durchbruch gelangen.

Derart begegnen zwar immer wieder einzelne, wenn auch zentrale Momente rhetorischer Dichtungstheorie im 19. und 20. Jahrhundert, auch gibt es ganze Schulen wie das Junge Deutschland oder die engagierte Literatur nach 1945, die ohne eigenen Begriff eine auf Wirkung ausgerichtete, rhetorisch verfahrende Auffassung von Dichtung favorisieren, insgesamt aber zerfällt die Poetik, ihre Begrifflichkeit löst sich auf. Die Bedeutung von „Dichtung" verengt sich dabei in der Moderne weiter. Zwar bezeichnet der Terminus noch die Gesamtheit der Sprachkunstwerke, man spricht auch von epischer und dramatischer Dichtung und erblickt im Dichterischen eines literarischen Werks seinen eigentlichen Kunstcharakter: „Das Geschehnis wird so zu seiner Bedeutsamkeit erhoben. Es gibt keine große naturalistische Dichtung, die nicht solche bedeutsame Züge des Lebens ausspräche [...]. Es ist dann der Kunstgriff der größten Dichter, das Geschehnis so hinzustellen, daß der Zusammenhang des Lebens selbst und sein Sinn aus ihm herausleuchtet. So erschließt uns die Poesie das Verständnis des Lebens." (Dilthey, *Das Erlebnis und die Dichtung*, 197) Derart prinzipiell werden „Erlebnis und Dichtung" von Wilhelm Dilthey (1833–1866) aufeinander bezogen. Doch ändert der meist in diesem allgemeinen Sinne auftretende literaturwissenschaftliche Gebrauch von Dichtung nichts daran, daß die Schriftsteller selber immer wieder den technischen Aspekt der Herstellung betonen, wie z.B. Gottfried Benn: „Ein Gedicht entsteht überhaupt sehr selten – ein Gedicht wird gemacht." (Benn, *Probleme der Lyrik*, 495) Diese Auffassung vertreten moderne Dichter unabhängig von ihrer Zugehörigkeit zu unterschiedlichen poetologischen Richtungen. „Die Frage nach der Genese eines Werks ist zu [...] vielleicht *der* zentralen Frage der modernen Ästhetik geworden" (Enzensberger, *Gedichte*, 64), betont Hans Magnus Enzensberger (geb. 1929) und verweist auch auf die solcher Ansicht von Dichtung zugrundeliegende Tradition: „Aber spätestens vom Hellenismus an hat es in Europa immer eine heimliche Opposition gegen den Mythos der Inspiration gegeben, eine Opposition, die vom Dichten vielmehr wie von einem kunstvollen Machen spricht."(Ebd. 61) In einer solchen operativen Ästhetik gehen Dichtung und Rhetorik aufs neue eine enge Verbindung ein; in neostrukturalistischen und postmodernen Theorien der Literatur ist diese Annäherung schon sehr weit gediehen.

Sie basieren nämlich alle auf der Absage an die Maßstäbe der klassischen Moderne und plädieren für ein Zusammengehen von Elite- und Massenliteratur (Leslie Fiedler, Susan Sontag), so daß auch alle sozialen Schichten angesprochen werden und das Publikum wieder, rhetorisch ausgedrückt, zum universalen Laienpublikum werden kann. Der Pluralismus von Methoden, Modellen und Stilen erfordert – ob in der Literatur, Malerei oder Architektur, welch letztere sogar wieder als Sprache definiert wird – eine Vielfalt von Sprechweisen und Stilebenen, wie sie die Rhetorik vor allem im metaphorischen, ironischen oder allegorischen Reden ausgebildet oder, seit der Entdeckung des vierfachen Schriftsinns durch die Kirchenväter, auch hermeneutisch ausgenutzt hat. Doch geht die zunehmend bewußte Affinität postmoderner Theorien mit der „vormodernen" rhetorischen Tradition weit über solche Text-Begriffe hinaus. Für Paul de Man (1919–1983) wird Interpretation ein Lektüreprozeß, der eine nie vollendete Produktion von Texten ergibt, hinter deren rhetorischen Modus man nicht sehen kann. Die figurale Struktur der Texte macht ihren rhetorischen Charakter aus: „[Ich] würde [...] nicht zögern, die rhetorische figurative Macht der Sprache mit Literatur selber gleichzusetzen." (de Man, *Allegorien des Lesens*, 40)

Postmoderne Ästhetik setzt auf Differenz und Destruktion statt auf Identität und Stabilisierung. Unbestimmtheit und Fragmentarisierung, Auflösung der großen Geschichten und Aufhebung des Unterschieds von Oberflächen- und Tiefenstruktur, Ironie und Hybridisierung (wie Parodie oder Pastiche) sind die wichtigsten Merkmale postmoderner Produktionen. Solche Kataloge lesen sich zuweilen wie die neuformulierten Kriterien und Werte sophistischer Welt- und Kunstanschauung. Deren Relativismus und skeptizistische Beschränkung auf die Erscheinungswelt, ihr konstruktivistischer Zugang zur Wirklichkeit und ihre Auffassung von der rhetorischen Funktion der Fiktionen kehren in den Prinzipien postmoderner Ästhetik und Hermeneutik wieder. Auf welchen Umwegen postmoderne Theoretiker schließlich wieder zur Rhetorik zurückfinden, verdeutlicht Jean-Francois Lyotards (1924–1998) Erhabenheitskonzept, das er ausgerechnet aus der Lektüre Kants, freilich auch derjenigen des sehr viel rhetoriknäheren Burke, gewinnt, obgleich die spätantike Schrift *Vom Erhabenen*, die man lange Zeit Kassios Longinos, einem Rhetor des 1. Jahrhunderts n.Chr., zugeschrieben hat, alle wesentlichen Bestimmungen für eine Ästhetik des Erhabenen bereitstellt, die Lyotard zur Differenzierung von moderner und postmoderner Kunst benötigt.

6. Rhetorische Philosophie

Isokrates hatte seine Rhetorik als praktische Philosophie verstanden, als eine Instanz der politischen Welt, die in der Sphäre des Handelns richtungweisend ist, weil in ihr keine allgemeinen Ausgangsbedingungen oder notwendigen Umstände zur Orientierung dienen können, sondern allein wahrscheinliche Erkenntnisse und Kriterien, deren Geltung durch Konsens, d.h. durch ein mittels rednerischer, argumentativer Überzeugung erreichtes Einvernehmen, gesichert ist. Auch Cicero hatte es nicht anders gesehen und das durch Platon verursachte Schisma von Philosophie und Rhetorik durch eine rhetorisch bestimmte Kultur überwinden wollen. Das aktuelle

Interesse der Philosophie an der Rhetorik ist in dieser ihrer Korrektivfunktion zu dem einseitig besetzten Vernunftbegriff der neuzeitlichen Tradition begründet: „So lange die Philosophie ewige Wahrheiten, endgültige Gewißheiten wenigstens in Aussicht stellen mochte, mußte ihr der *consensus* als Ideal der Rhetorik, Zustimmung als das auf Widerruf erlangte Resultat der Überredung, verächtlich erscheinen. Aber mit ihrer Umwandlung in eine Theorie der wissenschaftlichen ‚Methode' der Neuzeit blieb auch der Philosophie der Verzicht nicht erspart, der aller Rhetorik zugrunde liegt." (Blumenberg, *Wirklichkeiten*, 112) Seit Platon hat sich an der Wahrheitsfrage der Streit zwischen Rhetorik und Philosophie entzündet und das Verhältnis beider Disziplinen, unbeschadet zeitweiser Annäherungen wie im Humanismus, von der Antike bis in die Gegenwart bestimmt. Gegenüber der philosophischen Vernunft erschien die rhetorische Vernunftkritik als ein Relativismus und die Beweisart des Redners, die sich am *consensus omnium* zu orientieren hatte, als eine Schmeichelkunst, die den Konsens erst manipulativ herstellte, den sie zur Begründung ihrer Sätze ins Feld führte. Allein, alle Versuche, die Sphäre des Handelns mit einem Methodenkonzept zu durchdringen, das, einem metaphysischen Wahrheitsbegriff und seit dem 19. Jahrhundert dem naturwissenschaftlichen Wissenschaftsverständnis verpflichtet, zu letzten Begründungen führt und damit erst die Praxis wirklich vernünftig macht, haben sich als erfolglos herausgestellt. Sie waren auf Dauer nicht einmal in den sozialen Bereichen und politischen Systemen zu verwirklichen, die die Individuen nach den Gesetzen der instrumentellen Vernunft zu simulieren unternommen hatten, damit sie vernünftig würden. Aristoteles, der als Gewährsmann für die philosophische Wiederentdeckung der Rhetorik wichtiger als alle anderen antiken Theoretiker geworden ist, hat die Konfrontation von Philosophie und Rhetorik nach ihren verschiedenen Erkenntnisweisen formuliert, doch, anders als Platon, die eine nicht auf Kosten der anderen desavouiert: „Wahre [...] Sätze sind solche, die nicht erst durch anderes, sondern durch sich selbst glaubhaft sind [...]. Wahrscheinliche Sätze aber sind diejenigen, die Allen oder den Meisten oder den Weisen wahr erscheinen [...].“ (Aristoteles, *Topik*, I,1) Insofern die Rhetorik zu wahrscheinlichen Begründungen fähig macht, weil in ihr Urteile und Entscheidungen durch Konsens ihre Geltung erlangen, also plausibel werden, vermittelt sie in Handlungssituationen vernünftige Orientierung: sie ist die einzige praktische Philosophie, die weder vor der Unendlichkeit der Faktoren kapituliert, indem sie sie nach einem abstrakt-utopischen Konzept zu regulieren versucht, noch am Problem der Vermittlung scheitert, die ihren Praxisbegriff überhaupt konstituiert. „Wer [...] an die Existenz vernünftiger Wahlhandlungen glaubt, die durch Beratungen und Diskussion der unterschiedlichen Lösungen vorbereitet werden, kommt [...] ohne eine Theorie der Argumentation, wie sie die neue Rhetorik bietet, nicht aus.“ (Perleman, *Reich der Rhetorik*, 17) So Perelman, der allerdings dann doch ein universales Prinzip benötigt, auf das sich der Wahrheitsanspruch einer argumentativ begründeten Aussage zuletzt beziehen läßt: das *auditoire universelle*, eine abstrakte Überinstanz, die über die Verallgemeinbarkeit, also Gültigkeit, rhetorischer Konsensbildung entscheiden soll. Eine solche Absicherung von Geltungsansprüchen rhetorischer Meinungsbildungsprozesse ist auch für Jürgen Habermas (geb.1929) unverzichtbar: „Der Kunst des Überzeugens und Überredens verdankt die philosophische Hermeneutik [...] die eigentümliche Erfahrung, daß im Medium umgangssprachlicher Kommunikation nicht nur Mitteilung ausgetauscht, sondern handlungsorientierende Einstellungen gebildet und verändert werden.“ (Habermas, *Universalitätsanspruch der Hermeneutik*, 75) Um jenes „Moment Gewalt“ aufzuheben und die Legitimität eines Wahrheitsanspruchs nicht einer zufälligen Situation ausliefern zu müssen, hat Habermas das Konzept einer *idealen Sprechsituation* entwickelt, in der es keinen Zwang außer dem „zwanglosen Zwang des besseren Arguments“ (Habermas, *Wahrheitstheorien*, 240) gibt. Das ist eine wirklichkeitsfremde Konstruktion und das Zugeständnis an den immer noch nicht überwundenen Anspruch der Philosophie, Aussagen und Entscheidungen mit einer letzten Gewißheit zu begründen, also gültige von nichtgültigen Argumenten durch den Bezug auf ein außerhalb der konkreten rhetorischen Situation befindliches regulatives Prinzip zu unterscheiden. Noch wichtiger aber ist ein weiteres und grundlegendes Element rhetorischen Denkens, das damit übergangen oder sogar geleugnet wird: trotz aller Konsensabsicht entwickelt sich die rhetorische Rationalität im *Streit* der Meinungen, in der parteilichen Auseinandersetzung über Probleme, die kontroverse Stellungnahmen im Regelfall nicht nur zulassen, sondern geradezu erzwingen. Daher gehörte die Rhetorik schon für die Griechen in den Bereich des *agon*, des kämpferischen Wettbewerbs, den sie in der Sphäre der Rede repräsentierte. Die Berufung auf die gemeinsame Grundlage aller Erfahrungen und des Verhaltens des Menschen als eines auf Gemeinschaftlichkeit hin angelegten Wesens (*koinonia, sensus communis*) bedeutete keine Unterordnung der Argumente unter ein überpersönliches Prinzip und gleichsam die Vorwegnahme des herrschaftsfreien Diskurses. Die Berufung der rhetorischen Argumentation auf die gesellschaftliche Gemeinsamkeit war von jeweils völlig konträren Streitpunkten aus möglich, ergab also Argumente für wie gegen die eigene Position des Redners: erst die Ratifizierung einer Argumentation und das Verwerfen der einen oder anderen gegnerischen Position durch das Publikum zeigten, ob der Bezug auf den Gemeinsinn zu Recht oder zu Unrecht erfolgte. Dieses interessiert-parteiliche Wesen charakterisiert rhetorische Argumentation bis heute und vermag ein Unterscheidungsmerkmal gegen logische und ästhetische Überzeugungsherstellung abzugeben.

Neuen Zugang zur rhetorischen Theorie gewinnt die Philosophie über ein verändertes Bewußtsein ihrer eigenen Sprachlichkeit. Sämtliche Phänomene, über welche sie spricht, sind schon sozial, und das heißt sprachlich vermittelt. „Aller Irrtum besteht darin“, so hatte es schon Kant ausgedrückt, „daß wir unsere Art, Begriffe zu bestimmen oder abzuleiten oder einzuteilen, für Bedingungen der Sachen an sich halten.“ (Kant, *Kritik der Urteilskraft*, 340) Wirklichkeit ist immer schon sprachlich vermittelt – von dem Lexikon und der Grammatik unserer Sprache bis zu den Dokumenten und Zeugnissen der Traditionen und der Kultur, der wir angehören – ja bis hin zu den Erfahrungen, die wir in Beruf und Privatleben mit ihr machen. Das war ja der Grund, weshalb Aristoteles seiner Definition des Menschen als *zoon politikon* sogleich die zweite Definition an die Seite stellte, die ihn als *zoon logon echon*, als Wesen, das Sprache und darin Vernunft hat, ausgezeichnet hatte. Als Gemeinschaftswesen, das er in seinem sozialen Leben immer ist, erfährt der Mensch die gesellschaftliche Wirklichkeit also stets zugleich mit Bedeutung, Sinn und Wert versehen, die nicht objektiv vorhanden sind, sondern die er ihnen zuschreibt.

Die radikale Konsequenz aus dieser Einsicht hat die postmoderne Philosophie gezogen. Ihre zentrale These, daß die Zeichen nicht mehr auf ein Bezeichnetes verweisen, sondern immer nur auf andere Zeichen, daß wir mit unserer Rede *Bedeutung* also gar nicht mehr treffen, sondern uns nur in einer endlosen Zeichenkette bewegen, eröffnet auch einen neuen philosophischen Zugang zur Rhetorik, freilich vor allem zu einem Teilbereich, der elocutio, der figuralen, tropologischen und aisthetischen Verfassung von Rede und Schrift. Auch philosophische Texte werden jetzt wie Kunstwerke behandelt und sind gleich literarischen Texten unendlich vieldeutig, stets neuen Interpretationen zugänglich. Deren Aufgabe hat Jacques Derrida (geb. 1930) unmißverständlich formuliert: „Der philosophische Text soll in seiner formalen Struktur, in seiner rhetorischen Spezifität und Diversität seiner Texttypen studiert werden, in seinen Expositions- und Produktionsmodellen – jenseits dessen, was man früher einmal Gattungen nannte –, auch im Rahmen seiner *Mises en scène* und in seiner Syntax, die nicht nur die Artikulation seiner Signifikate, seiner Bezugnahmen auf das Sein oder die Wahrheit wäre, sondern auch die Handhabung seiner Techniken und all das, was in sie Eingang findet. Kurzum, auch die Philosophie soll als eine ‚Sondergattung der Literatur' betrachtet werden, die aus dem Vorrat einer Sprache schöpft und einen Komplex tropischer

Ressourcen erschließt, entstellt oder umleitet, die älter sind als die Philosophie.“ (Derrida, *Randgänge der Philosophie*, 277) So kommt es zu produktionsrhetorischen Untersuchungen philosophischer Argumentation, die die Philosophie als rhetorisch vermitteltes Denken enthüllen, dem man sich nicht ohne entsprechende Kenntnisse nähern kann. Diese vollkommene Durchdringung von rhetorischer und hermeneutischer Dimension der menschlichen Sprachlichkeit ist leitend für die moderne Hermeneutik geworden: „Woran sonst sollte auch die theoretische Besinnung auf das Verstehen anschließen als an die Rhetorik, die von ältester Tradition her der einzige Anwalt eines Wahrheitsanspruches ist, der das Wahrscheinliche ... (*verisimile*), und das der gemeinen Vernunft Einleuchtende gegen den Beweis- und Gewißheitsanspruch der Wissenschaft verteidigt? Überzeugen und Einleuchten, ohne eines Beweises fähig zu sein, ist offenbar ebensosehr das Ziel und Maß des Verstehens und Auslegens wie der Rede- und Überzeugungskunst – und dieses ganze weite Reich der einleuchtenden Überzeugungen und der allgemein herrschenden Ansichten wird nicht etwa durch den Fortschritt der Wissenschaft allmählich eingeengt, so groß der auch sei, sondern dehnt sich vielmehr auf jede neue Erkenntnis der Forschung aus, um sie für sich in Anspruch zu nehmen und sie sich anzupassen. Die Ubiquität der Rhetorik ist eine unbeschränkte. Erst durch sie wird Wissenschaft zu einem gesellschaftlichen Faktor des Lebens.“ (Gadamer, *Rhetorik, Hermeneutik und Ideologiekritik*, 63) So Hans-Georg Gadamer (geb. 1900) in den metakritischen Erörterungen zu *Wahrheit und Methode*, seinem Hauptwerk von 1960, dessen Ausgangspunkt die humanistische Tradition mit ihren Leitbegriffen Bildung, *sensus communis*, Urteilskraft und Geschmack darstellt. Verstehen ist für Gadamer nicht möglich, wenn nicht das wirkungsgeschichtliche Moment in aller Überlieferung wirksam bleibt. Das geschichtlich Gewordene kann niemals zum quasinaturwissenschaftlichen ‚Objekt‘ werden, das es ‚festzustellen‘ gilt wie einen experimentellen Befund – als wäre Überlieferung so fremd wie der Gegenstand der Physik. Womit Gadamer auch das humanistische Geschichtsverständnis aufgreift und Verstehen als ein Gespräch mit der Überlieferung, als Integration in ihren Prozeß, damit als Vermittlung der Jetztzeit mit der Vergangenheit durch das Medium der gemeinsamen menschlichen Erfahrung auffaßt. So gewinnen die zentralen rhetorischen Lehren von der Erzeugung des Wahrscheinlichen, der Herstellung des sensus communis oder des jede Fragestellung vorausbeeinflussenden Vorverständnisses (des Vor-Urteils, das ja nicht falsch sein muß und, der rhetorischen Topik zufolge, Beweisfunktion annimmt, wenn es Ausdruck des Gemeinsinns ist) fundamentale Bedeutung für den hermeneutischen Prozeß, und Gadamer kann feststellen, „daß die theoretischen Mittel der Auslegungskunst [...] weitgehend der Rhetorik entlehnt sind." (Gadamer, *Rhetorik , Hermeneutik und Ideologiekritik*, 64)

Die Diskussion um Gadamers Thesen hat sich vor allem an seinen philosophischen Voraussetzungen und Schlußfolgerungen entzündet, ohne daß die von ihm überzeugend und unangefochten dargelegte Unentbehrlichkeit der Rhetorik für jede hermeneutische, ja allgemein wissenschaftliche Praxis nun selber in ihren Konsequenzen durchdacht und, auch unter veränderten Prämissen, zum Angelpunkt einer rhetorischen Theorie der Textauslegung gemacht worden wäre. Gadamers wichtigster Gegner in der Kontroverse um die philosophische Begründung und Funktion der Hermeneutik, Jürgen Habermas, setzt seine Kritik an der Vorurteils-Struktur des Verstehens an, ohne freilich zu berücksichtigen, daß der Verstehensprozeß gerade aus der Öffnung und dem Infragestellen der überlieferten und vorgeprägten Meinungen besteht, aus ihrer Verflüssigung und probeweisen Negation, die das Vorurteil schließlich zum Urteil machen und zur Aneignung durch den Interpreten bereitstellen – ein Prozeß, der natürlich nicht nur Verwerfen oder Bestätigen bedeutet, sondern Weiterentwicklung, d.h. produktive Aneignung der Überlieferung. Selbst wenn sich darin zuletzt immer ein Ganzes von Sinn ankündigt, ist das Verstehen doch in solchem ontologischen Horizont noch eine Bewegung, nämlich eine schrittweise, unvollkommene, doch zu immer größerer Vervollkommnung fähige Entdeckung des Seins in der Sprache und durch sie: „Sein, das verstanden werden kann, ist Sprache." (Gadamer, *Rhetorik, Hermeneutik und Ideologiekritik*, 450) Denn die ontologische Wendung der Hermeneutik ist durchaus nicht notwendig und könnte durch eine geschichtliche Umwendung aufgehoben werden, ohne daß dadurch etwa die rhetorische Konzeption der Hermeneutik überhaupt in Frage stünde.

7. Rhetorik in Schule und Hochschule heute

Die Rhetorik ist auch in Deutschland inzwischen eine Bewegung geworden, manchmal sogar schon eine intellektuelle Mode, die in Wissenschaft und öffentlichem Leben, Politik und Wirtschaft gleichermaßen präsent ist, und dies immer mehr in ihrer eigentlichen Bedeutung, nicht bloß in Schwundstufen, apokryphen oder maskierten Gestalten. Bevor sie eine Mode wurde, war sie eine wissenschaftliche Methode, deren Ergebnisse den Geistes- und Sozialwissenschaften, aber auch der Ethnologie, Psychologie und Literaturkritik neue Perspektiven eröffneten. Als Argumentationsrhetorik brachte sie die abstrakte Argumentationstheorie auf neue Methoden und in Beziehung zur rednerischen Praxis (Chaïm Perelman); die Affektrhetorik erschloß der Werbung neue Strategien; die literarische Rhetorik gab der literaturwissenschaftlichen Methoden- und Prinzipienreflexion endlich eine arbeitsfähige Grundlage (Heinrich Lausberg); die ethisch-pädagogische Rhetorik ging in eine Theorie des kommunikativen Handelns ein (Jürgen Habermas); der praktischen Philosophie stellte die Rhetorik Modelle der Handlungsorientierung und Entscheidungsfindung bereit (Oskar Negt, Hermann Lübbe, Rüdiger Bubner); die anthropologische Aktualität der Rhetorik folgt aus ihrer Ansicht von der mangelhaften Ausstattung des Menschen an primären Regulierungsmechanismen, die durch rhetorische Kunst kompensiert werden können (Hans Blumenberg, Ernesto Grassi, Michel Meyer); in der existenzhermeneutischen Rhetoriktheorie schließlich wird jeder sprachliche Akt zu einer persuasiven Äußerung in der Alltäglichkeit des Miteinanderseins (Hans-Georg Gadamer, Karl-Otto Apel, Otto Pöggeler).

Zwei wissenschaftstheoretische Tendenzen kommen in diesen unterschiedlichen Rezeptionen zum Ausdruck. Auf der einen Seite findet sich die Rhetorik als *Produktionslehre* von menschlicher Rede und zugleich als sprachliche *Auslegungskunst*. Menschliche Welterfahrung ist in einem universalen Sinne immer sprachlich und die Rhetorik damit eine Basiswissenschaft, die Grundlagenforschung für sämtliche Disziplinen leistet. Auf der anderen Seite bestimmt Rhetorik auch die menschliche Praxis. In der Sphäre des Handelns können allein plausible Sätze, also wahrscheinliche Erkenntnisse, wirksam werden, deren Geltung durch Konsens gesichert wird.

Soviel zur wissenschaftlichen Bedeutung einer modernen Rhetorik, die ihr methodisches Instrumentarium durch psychologische, soziologische oder linguistische Erkenntnisse angereichert hat und deren Wirksamkeit durch diese kurze Skizze noch nicht etwa erschöpfend umrissen ist. Ihr entspricht ein gesteigertes öffentliches Interesse an der Rhetorik, das man besonders an den hohen Erwartungen ablesen kann, die sich mit rednerischer Schulung heute verbinden. Sie wird in der Wirtschaft mit ebenso großer Intensität eingesetzt wie in Politik und Verwaltung; sie findet Anwendung in den Massenmedien und den kulturellen Produktionen; rhetorische Strategien sind in den öffentlichen Debatten wirksam und bestimmen die Meinungsbildung und das Selbstverständnis der Gesellschaft; in der Politik wird sie vollends zu einer oftmals nicht unbedenklichen Kraft. Die in Ausschüssen, Parteigremien oder internen Bündnissen getroffenen Entscheidungen benötigen aber mehr als je zuvor rhetorische Überzeugungskraft, damit der Bürger sie dann auch akzeptiert. Wer das versäumt, erhält (die Wahlen zeigen es) sofort die Quittung. Kaum jemand besitzt noch die treuherzige Überzeugung, „die da oben“ werden es schon richtig machen. Auch der Politiker selber braucht mehr denn je Rhetorik zur Produktion seiner öffentlichen, durch die Massenmedien verbreiteten Imago: die großen Wahlen machen die herausragende Bedeutung eines derart rhetorisch erzeugten Personenkults immer sichtbarer. Die Bedürfnisse der Massenmedien haben den Bedarf an Rhetorik drastisch erhöht. Mediale Anforderungen stehen hinter Kongressen und Expertenhearings, politischen Debatten, Parlamentsanfragen und Presse-Statements. Die journalistischen Präsenzzeiten auf der Pressetribüne bestimmen die Rednerfolge. Kein Wunder, daß es da manchem Bildungspolitiker angst wird, denn der rhetorischen Perfektion der politischen (und übrigens auch zunehmend der wirtschaftlichen) Selbstdarstellung entspricht nach wie vor kein rhetorisches Wissen in der Bevölkerung. Denn allein „Rhetorik lehrt Rhetorik zu erkennen" (Blumenberg) – doch mit der Präsenz der Rhetorik in den Bildungs- und Ausbildungsinstitutionen ist es immer noch schlecht bestellt, wobei Deutschland auch im internationalen Vergleich schlecht abschneidet. Die Vereinbarung der Kultusministerkonferenz von 1972, Rhetorik fest als Schulfach zu integrieren, wurde nicht verwirklicht. Zwar gibt es an den weiterbildenden Schulen hier und da rhetorische Arbeitsgemeinschaften, Debattierklubs nach angelsächsischem Vorbild entstehen gelegentlich und verschwinden oft schnell wieder, rhetorische Lehrinhalte werden in einzelnen Projekten (wie dem zwitterhaften „Seminarkurs"-Modell an den Gymnasien Baden-Württembergs) in den Unterricht integriert, doch in der Regel höchst dilettantisch aufbereitet, da den Lehrern sowohl die rhetorische Ausbildung fehlt als auch die Weiterbildung in den Händen wenig qualifizierter Lehrkräfte liegt.

Die Gründe für diese mangelnde rhetorische Versorgung sind vielfältig. Dazu gehört das immer noch weiterwirkende rhetorische Trauma der Nazizeit ebenso wie das gerade in den Ausbildungsinstitutionen große Beharrungsvermögen in Deutschland. An den Hochschulen kommt der mächtige Konformismus der herkömmlichen, aus dem deutschen Idealismus gebürtigen Geisteswissenschaften hinzu, der um so widerständiger ist, als er auch ökonomische Ursachen hat: längst ist Wissenschaft zum Geschäft geworden, in dem es um Mittel, Stellen, Positionen geht; auf dem Verteilungsmarkt müssen

Positionen verteidigt oder erkämpft, Konkurrenten ausgeschaltet werden, und die modische Analyse kann andere, ältere Theorien verdrängen, noch bevor sie die Chance erhielten, auch ihre aktuellen Qualitäten auszuweisen.

Es ist daher kein Zufall, daß in einer den Orthodoxien gegenüber eher kritisch und der historischen Überlieferung dafür unbefangener eingestellten wissenschaftlichen Öffentlichkeit wie der amerikanischen die New Rhetoric ihren Ausgang nahm und die Institutionalisierung der Rhetorik sehr weit fortgeschritten ist. Rhetorik-Studiengänge gibt es an den meisten Universitäten, ihre Bezeichnungen wechseln nach dem Schwerpunkt der jeweils betriebenen Forschung und Lehre: „Communication Studies" heißen Institute, die alle Aspekte der Rhetorik und der in den USA entwickelten New Rhetoric von der Texttheorie über die Redeanalyse und Redeproduktion bis zu journalistischen Arbeitstechniken und literaturwissenschaftlicher Methodik umfassen, während „Rhetoric" oder „Speech Communication" als Benennungen meist auf Schwerpunkte wie Geschichte der Rhetorik, antike Rhetorik oder allgemeine Rede- und Text-Theorie verweisen. Innerhalb der „Cultural Studies" wird oftmals das literatur- und gesellschaftskritische Potential der Rhetorik genutzt, während in den Journalismus- und Massenmedienstudiengängen die praktische Rhetorik im Zentrum steht. Auch die amerikanische Sprechwissenschaft integriert vielfach rhetorische Grundlagen. Das rhetorische Universitätsstudium kann übrigens auf schulischen Grundlagen aufbauen: *Speech Education* gehört zum Programm der höheren Schulen und der Colleges. Auch in der Hochschulöffentlichkeit selber ist die Rhetorik in einer für deutsche Verhältnisse kaum vorstellbaren Weise präsent: in „debating clubs" oder „debating teams" werden rhetorisches Argumentieren, Vortragskunst und dialogische Techniken geübt, es gibt Rede-Wettkämpfe, die in manchmal naiver Form auch den agonistischen Charakter der Beredsamkeit wiederzubeleben suchen. Theoretische Kontroversen finden besonders innerhalb der Fachverbände statt, von denen der größte die „American Communication Association" (ACA) ist; andere, wie die „Western" oder „Eastern States Communication Association" (WSCA, ESCA), konzentrieren sich bei ihrer Arbeit auf regionale Schwerpunkte. Medien der Diskussion sind Zeitschriften wie etwa das 1915 gegründete *Quarterly Journal of Speech*, *Philosophy and Rhetoric* (Pennsylvania State University) oder die von der „International Society for the History of Rhetoric" herausgegebene Quartalschrift *Rhetorica* (seit 1983), ferner Tagungen und Kongresse. Das Themenspektrum ist breit, umgreift traditionelle Problemfelder wie die historische Erforschung der antiken Rhetorik (George A. Kennedy), Rhetorik und Argumentation, literarische Rhetorik, rhetorische Texttheorie oder Werberhetorik, aber auch neue Anwendungsgebiete wie *rhetoric of science*, *organizational rhetoric* (sozialwissenschaftliche Umsetzung mit empirischen Methoden) oder die Übertragung rhetorischer Hermeneutik auf alle Erzeugnisse kultureller Produktion.

Angesichts der Entstehungsgeschichte der Rhetorik und der engen Verflechtung, in der sie seit der Antike mit europäischer Kultur und Wissenschaft stand, muß es höchst verwirrend wirken, daß ihre aktuelle Situation so ausgesprochen unübersichtlich und unbefriedigend erscheint. Selbständige Institutionen, auch eigene Universitätsinstitute, wie etwa das dänische, 1970 gegründete „Institut für Rhetorikwissenschaft" an der Universität Kopenhagen, bilden die Ausnahme. In den meisten Fällen findet die rhetorische Forschung im Rahmen von Fächern statt, deren Nähe zur Rhetorik historisch verbürgt ist (wie der Philosophie) oder die aus ihr hervorgegangen sind (wie die Philologien, Kommunikationswissenschaften oder Semiotik). Brüssel mit seinem „Centre Européen pour l'Étude de l'Argumentation" an der Freien Universität ist zu nennen – Argumentationsrhetorik, Rhetorik und Anthropologie sowie die (von der *groupe μ* in Gang gesetzte) moderne Figurenlehre bilden die Schwerpunkte der Forschung. In Großbritannien findet sich zwar eine Art rednerischer Ausbildung an den Schulen, auch existieren zahlreiche „debating teams" an den Universitäten, die wissenschaftliche Beschäftigung mit der Rhetorik konzentriert sich aber auf altphilologische oder philosophische Fragen. Widersprüchlich sieht die Situation in Frankreich aus. Das europäische Land mit der bewußtesten Sprachkultur, über welche die Académie française unnachsichtig wacht, hat auf der einen Seite vor einigen Jahren die Rhetorik aus der Schule verbannt, andererseits gehen von hier wichtige Impulse zu ihrer wissenschaftlichen Neuentdeckung und Weiterentwicklung aus; Theoretiker wie Roland Barthes oder die Philosophen der Postmoderne (Jean-François Lyotard) verkörpern die verschiedenen Tendenzen der *Nouvelle rhétorique* besonders markant. Einen Höhepunkt in der Entwicklung des Fachs war die (Neu-)Errichtung eines Lehrstuhls für Rhetorik am Collège de France, wo seither die historische Erforschung der Rhetorik und ihrer Beziehungen zur Literatur im Mittelpunkt stehen. In Italien und Spanien, den Niederlanden und der Schweiz ragen zwar einige namhafte Wissenschaftler hervor, die sich auf Rhetorik spezialisiert haben, doch der Aufbau von Forschungsinstitutionen steckt allenfalls erst in den Anfängen.

Ein etwas günstigeres – im Vergleich mit den USA freilich immer noch enttäuschendes, ungleichgewichtiges – Bild ergibt sich in Deutschland. Neben dem 1966 gegründeten Seminar für Allgemeine Rhetorik an der Universität Tübingen gibt es eine Arbeitsstelle Rhetorik an der Universität Oldenburg, ein Graduiertenkolleg „Repräsentation, Rhetorik, Wissen“ an der Universität Frankfurt/Oder sowie rhetorische Schwerpunkte an den Fachhochschulen. Das Tübinger Seminar ist aber nach wie vor das einzige deutsche Universitätsinstitut, das einen selbständigen Studiengang *Allgemeine Rhetorik* anbietet. Inzwischen hat es sich nicht nur zu einem nationalen, sondern zumindest europäischen Zentrum der Rhetorikforschung entwickelt. Hier erscheint das internationale Jahrbuch *Rhetorik*, das wichtigste periodische Forum der Fachdiskussion in Europa; mit den *Rhetorik-Forschungen* wird in Tübingen seit 1991 eine Publikationsreihe herausgegeben, die wichtige fachwissenschaftliche Untersuchungen vorlegt; seit 1985 existiert am Tübinger Seminar das Forschungsprojekt *Histori-*

sches Wörterbuch der Rhetorik. Mehr als 400 Fachwissenschaftler wurden gewonnen, um dieses einzigartige enzyklopädische Vorhaben zu verwirklichen, dessen Bände seit 1992 erscheinen. Das Unternehmen ist inzwischen längst zu einem Zentrum der weltweiten *Rhetorik-Renaissance* geworden; Herausgeber und Redaktion stehen mit allen wichtigen Institutionen und rhetorischen Fachwissenschaftlern in ständigem Austausch, und die Redaktion nimmt damit auch – gleichsam vorläufig und stellvertretend – Verbandsaufgaben wahr.

In Tübingen wurde das Konzept einer berufszieloffenen Ausbildung zu umfassender rhetorischer Kompetenz auf der Grundlage der klassischen Rhetorik entwickelt, ob sich die rhetorischen Fertigkeiten nun auf die traditionellen Medien Buch, Presse, Radio ausrichten, auch Film- und Fernsehrhetorik einschließen oder sich eher auf Öffentlichkeitsarbeit, Weiterbildung und Werbewirtschaft konzentrieren. Die institutionelle Ausdehnung der Rhetorik auf andere Universitäten, ihre Einrichtung als Schulfach bleiben gleichwohl Aufgaben, für welche die Öffentlichkeit ebenso wie die politischen Entscheidungsgremien eingenommen werden müssen und die ohne einen tiefen Einschnitt in die Gliederung des Fächerkanons nicht gelöst werden können. Es ist hohe Zeit dafür, denn immer noch stimmt Nietzsches Diagnose, daß nämlich auch die beste rhetorische Praxis „unserer Modernen nichts (ist) als Dilettantismus und rohe Empirie." (Nietzsche, *Vorlesungsaufzeichnungen*, 416)

Literaturverzeichnis

Aristoteles. *Rhetorik*. Hg., übertr. u. in ihrer Entstehung erl. v. Paul Gohlke. Paderborn 1959.
– *Poetik*. Eingel., übers. u. erl. v. Manfred Fuhrmann. München 1976.
– *Topik*. Übers. u. m. Anmerkungen versehen v. Eugen Rolfes. Hamburg ³1992.
Bach, Philipp Emmanuel: *Versuch über die wahre Art das Clavier zu spielen*. Teil I. Berlin 1753. ND Kassel 1994.
Barthes, Roland: *Mythen des Alltags*. Frankfurt a. M. ²1970.
Benn, Gottfried: *Probleme der Lyrik*. In: Ders.: Gesammelte Werke in vier Bänden. Hg. D. Wellershoff. Bd. 1: Essays, Reden, Vorträge. O. O. 1972.
Bismarck, Otto von: *Die politischen Reden des Fürsten Bismarck*. Hist.-krit. Gesamtausgabe. Hg. Horst Kohl. Bd. 3. Stuttgart 1892.
Blumenberg, Hans: *Wirklichkeiten, in denen wir leben*: Aufsätze und eine Rede. Stuttgart 1981.
Burckhardt, Jacob: *Weltgeschichtliche Betrachtungen*. Hg. R. Marx. Stuttgart 1955.
Campbell, George: *The Philosophy of Rhetoric*. London ²1850. ND Carbondale (Ill.) 1963.
Cancrin, Friedrich Ludwig: *Grundlehren der bürgerlichen Baukunst*. 1792.
Churchill, Winston: *Rede zum Wiederaufbau des House of Commons*. In: Ders.: Vorwärts zum Sieg. Hg. Charles Eade. Zürich 1948.
Cicero, Marcus Tullius: *Der Redner/Brutus*. Übers. v. Julius Sommerbrodt und Wilhelm Binder, eingel. u. erl. v. Marion Müller. München o. J.
– *Philippica in M. Antonium II*. In: Ders.: Sämtliche Reden. Eingel. übers. u. erl. v. Manfred Fuhrmann. Bd. VII. Zürich u. München 1980.
– *Über den Redner*. Übers. u. hg. v. Harald Merklin. 2., durchges. u. bibliogr. erg. Ausgabe Stuttgart 1981.
De Man, Paul: *Allegorien des Lesens*. Frankfurt ⁴1994.
De Piles, Roger: *Cours de peinture par principes*. Paris 1708. ND1969.
Derrida, Jacques: *Randgänge der Philosophie*. Wien 1988.
Dilthey, Wilhelm: *Das Erlebnis und die Dichtung*. Lessing, Goethe, Novalis, Hölderlin. Leipzig 1910.
Domarus, Max (Hg.): *Hitler. Reden und Proklamationen 1932–1945*. Kommentiert von einem deutschen Zeitgenossen. Neustadt/Aisch 1962.
Dubois, Jaques: *Allgemeine Rhetorik*. München 1974.
Ebeling, Peter: *Rhetorik*. Wiesbaden 1989.
Eco, Umberto: *Einführung in die Semiotik*. München ⁵1985.
Encyclopédie ou dictionnaire raisonné des sciences des arts et des métiers.

Publié par M. Diderot et M. D'Alembert. Paris 1751–1780. ND Stuttgart/Bad Cannstatt1966/67.

Enzensberger, Hans Magnus: *Gedichte*. Die Entstehung eines Gedichts. Frankfurt a. M. [6]1970.

Eschenburg, J. J.: *Entwurf einer Theorie und Literatur der schönen Wissenschaften*. Berlin u. Stettin 1783. ND Hildesheim 1976.

Fabricius, Johann Andreas: *Philosophische Oratorie*: das ist: Vernuenftige Anleitung zur gelehrten und galanten Beredsamkeit.1724. ND Kronberg (Ts.) 1974.

Fogarty, Daniel: *I. A. Richards Theory*. In: The Province of Rhetoric. Hg. Joseph Schwartz u. John A. Rycenga. New York 1965. S. 345–366.

Fontane, Theodor: *Wanderungen durch die Mark Brandenburg*. In: Ders.: Werke und Schriften. Hg. W. Keitel. Bd. 46. Darmstadt 1984.

Friedrich II: *Über die deutsche Literatur*. In: Friedrich II, König von Preußen, und die deutsche Literatur des 18. Jahrhunderts. Hg. Horst Steinmetz. Stuttgart 1985. S. 60–99.

Gadamer, Hans-Georg: *Rhetorik, Hermeneutik und Ideologiekritik*. Metakritische Erörterungen zu Wahrheit und Methode. In: Hermeneutik und Ideologiekritik. Hg. K.-O. Apel. Frankfurt [3]1975. S. 57–82.

Geißler, Ewald: *Rhetorik*. 2 Bde. Leipzig [2]1918.

Gellert, Christian Fürchtegott: *Gedanken von einem guten deutschen Briefe*. In: Ders.: Werke. Hg. G. Honnefelder. 1979. Bd. 2.

Gervinus, Georg Gottfried: *Geschichte der Deutschen Dichtung*. Leipzig 1853.

Goebbels, Joseph: *Die Tagebücher von Joseph Goebbels*. Sämtliche Fragmente. Hg. Elke Fröhlich. München 1987.

– *Tagebücher 1945*. Die letzten Aufzeichnungen. Einführung Rolf Hochhuth. Hamburg 1977.

Goethe, Johann Wolfgang von: *Wilhelm Meisters theatralische Sendung*. In: Ders.: Sämtliche Werke nach Epochen seines Schaffens. Hg. Karl Richter u. a. Bd. 2, 2. Münchener Ausgabe 1987.

Gottsched, Johann Christoph: *Ausführliche Redekunst*: nach Anleitung der alten Griechen und Römer wie nach der neuern Ausländern. Leipzig 1736.

– *Versuch einer Critischen Dichtkunst durchgehends mit den Exempeln unserer besten Dichter erläutert*. Leipzig [4]1751. ND Darmstadt 1982.

Grimm, Jacob: *Über die wechselseitigen Beziehungen und die Verbindung der drei in der Versammlung vertretenen Wissenschaften*. In: Ders.: Kleinere Schriften. Bd. 7. Berlin 1884.

Habermas, Jürgen: *Der Universalitätsanspruch der Hermeneutik*. In: Hermeneutik und Dialektik I. Hg. Rüdiger Bubner u. a. Tübingen 1970. S. 73–103.

– *Wahrheitstheorien*. In: Wirklichkeit und Reflexion. Hg. H. Fahrenbach. Pfullingen 1973. S. 211–265.

Hallbauer, Friedrich Andreas: *Anweisung zur verbesserten Teutschen*

Oratorie. Nebst einer Vorrede von den Mängeln der Schul=Oratorie. Jena 1725. ND Kronberg (Ts.) 1974.

Herder, Johann Gottfried: *Bruchstücke einer Abhandlung über die Grazie*. In: Ders.: Sämmtliche Werke. Hg. Bernhard Suphan. Bd. 30. Berlin 1877–1913.

– *Sollen wir Ciceronen auf der Kanzel haben?* In: Ders.: Sämmtliche Werke. Hg. Bernhard Suphan. Bd. 1. Berlin 1877.

Hernandez: *Grundzüge einer Ideengeschichte der französischen Architekturtheorie von 1560–1800*. 1972.

Hitler, Adolf: *Mein Kampf*. München 1939.

Hochhuth, Rolf: *Denker und Täter*. Profile und Probleme von Cäsar bis Jünger. Stuttgart 1987.

Horatius, Quintus Flaccus: *Ars poetica*. Übers. u. mit einem Nachwort v. Eckhart Schäfer. Stuttgart 1989.

Johnstone, Henry: *From Philosophy to Rhetoric and back*. In: Rhetoric, Philosophy and Literature. An Exploration. Hg. Don M. Burks. West Lafayette 1978.

Kant, Immanuel: *Kritik der Urteilskraft*. Hg. Karl Vorländer. Hamburg 1963.

Klaußmann, Oskar (Hg.): *Kaiserreden*. Reden und Erlasse, Briefe und Telegramme Kaiser Wilhelms des Zweiten. Ein Charakterbild des Deutschen Kaisers. Leipzig 1902.

Kratz (Hg.): *Die Lehrpläne und Prüfungsverordnungen für die höheren Schulen in Preußen vom 6.1.1892 und 12.9.1898*. Berlin o. J.

Kühn, Heinz: *Auf den Barrikaden des mutigen Wortes*. Die politische Redekunst von Ferdinand Lassalle und Otto von Bismarck, August Bebel und Jean Jaurès, Ludwig Frank und Karl Liebknecht, Rosa Luxemburg und Clara Zetkin, Giacomo Mateotti und Otto Wels, Konrad Adenauer und Kurt Schumacher. Bonn 1986.

Lamy, Bernard: *De l'art de parler*. Paris 1676. ND München 1980.

Lessing, Gotthold Ephraim: *Briefe, die neueste Litteratur betreffend*. Eilfter Brief. In: Ders.: Werke. Hg. G. E. Grimm. Bd. 4. Frankfurt a. M. 1997.

Lindner, Johann Gotthelf: *Kurzer Inbegriff der Ästhetik, Redekunst und Dichtkunst*. Königsberg u. Leipzig 1771/72. ND Frankfurt a. M. 1971.

Maccoby, Nathan: *Die neue „wissenschaftliche" Rhetorik*. In: Grundfragen der Kommunikationsforschung. Hg. Wilbur Schramm. München ^{2}1968. S. 55–70.

Mattheson, Johann: *Der vollkommene Capellmeister*. Hamburg 1739. ND Kassel 1954.

Mendelssohn, Moses: *Charakter des Sokrates*. In: Ders.: Gesammelte Schriften. Hg. F. Bamberger. Stuttgart 1972.

Montesquieu, Charles Louis de Secondat de: *Esprit des lois*. In: Ders.: Œuvres complètes. Hg. André Masson. Bd. 1. Paris 1950.

Müller, Adam: *Kritische Miszellen.* In: Ders.: Kritische, ästhetische und philosophische Schriften. Hg. W. Schroeder. Neuwied 1967.
– *Vorlesungen über die deutsche Wissenschaft und Literatur.* In: Ders.: Kritische, ästhetische und philosophische Schriften. Hg. W. Schroeder. Neuwied. 1967.
– *Zwölf Reden über die Beredsamkeit und deren Verfall in Deutschland.* Hg. Jürgen Wilke. Stuttgart 1983.
Müller, Gottfried Polycarp: *Abriß einer gründlichen Oratorie*: zum Academischen Gebrauch entworffen und mit Anmerckungen versehen. Leipzig 1722.
Naumann, Friedrich: *Die Kunst der Rede.* Berlin 1914.
Nietzsche, Friedrich: *Menschliches, Allzumenschliches.* In: Ders.: Werke. Hg. K. Schlechta. Bd. 1. München 1972.
– *Vorlesungsaufzeichnungen.* Bearb. v. Fritz Bornmann u. Mario Carpitella. Berlin u. New York 1995 (=Nietzsche: Werke. Kritische Gesamtausgabe. Zweite Abteilung. Vierter Band).
Novalis: *Schriften.* Die Werke Friedrich v. Hardenbergs. Hg. Paul Kluckhohn. Darmstadt 1965.
Oehler, Klaus: *Die Aktualität der antiken Semiotik.* In: Zeitschrift für Semiotik 4 (1982). S. 215–219.
Ortloff, Hermann: *Die gerichtliche Redekunst.* Berlin u. Neuwied. 1866.
Perelman, Chaïm: *Das Reich der Rhetorik.* München 1980.
Pseudo-Longin: *Vom Erhabenen.* Hg. R. Brandt. Darmstadt 1966.
Rammler, Otto Friedrich: *Universal-Briefsteller oder Musterbuch zur Abfassung aller in den allgemeinen und freundschaftlichen Lebensverhältnissen sowie im Geschäftsleben vorkommenden Briefe, Documente und Aufsätze.* O. O.1867.
Richards, Ivor Armstrong: *The Philosophy of Rhetoric.* New York 1965.
Ruhmohr, Carl Friedrich von: *Schule der Höflichkeit.* Für Alt und Jung. Stuttgart u. Tübingen 1834. ND Stuttgart 1982.
Scherer, Wilhelm: *Poetik.* Tübingen 1977.
Schlegel, Friedrich: *Die Entwicklung der Philosophie in zwölf Büchern.* In: Ders.: Kritische Friedrich-Schlegel-Ausgabe. Hg. von E. Behler. Bd. 12 u. 13. Paderborn 1964.
– *Kritische Schriften.* Hg. W. Rasch. München 1971.
– *Zur Philosophie nro. III.* In: Ders.: Kritische Friedrich-Schlegel-Ausgabe. Hg. von E. Behler. Bd. 19. Paderborn 1971.
Schott, August Ludwig: *Vorbereitung zur juristischen Praxis besonders in Rücksicht auf die Schreibart in rechtlichen Geschäften.* Erlangen 1784.
Schübler: *Civilbaukunst.* 1740.
Smith, Adam: *Lectures on Rhetoric and Belles Lettres.* Hg. J. C. Bryce. Oxford 1983.
Spener, Philipp Jacob: *Theologische Bedencken.* Bd. 3. Halle [3]1712–1715.
Sperber, Manès: *Die Achillesferse.* Essays. Frankfurt a. M. 1969.

Sternberger, Dolf: *Gerechtigkeit für das 19. Jahrhundert*: Zehn historische Studien. Frankfurt a. M. 1975.

Theremin, Franz: *Die Beredsamkeit eine Tugend oder Grundlinien einer systematischen Beredsamkeit*. Berlin ²1837.

Thiersch, Friedrich: *Ueber gelehrte Schulen mit besonderer Rücksicht auf Bayern*. Stuttgart u. Tübingen 1826.

Thomasius, Christian: *Höchstnöthige Cautelen, welche ein studiosus iuris, der sich zur Erlernung der Rechts-Gelahrtheit vorbereiten will, zu beobachten hat*. Halle ²1729.

Ueding, Gert: *Rhetorik der Tat*. Ludwig Wienbargs Ästhetische Feldzüge. In: Literatur in der Demokratie. Hg. W. Barner. München 1983. S. 332–344.

Uhland, Ludwig: *Poetologische Schriften*. In: Ders.: Werke. Hg. Hartmut Fröschle. Bd. 4. München 1984.

Voltaire: *Commentaire sur le livre des délits et des peines*. In: Ders.: Mélanges. Paris 1961.

– *Conseils à un journaliste*. In: Œuvres. Hg. A. J. Buchot. Bd. 37. Paris 1829.

Wieland, Christoph Martin: *Theorie und Geschichte der Red-Kunst und Dicht-Kunst*. In: Gesammelte Schriften. Hg. v. der Akademie der Wissenschaften. Abt. I. Bd. 4.Berlin 1909ff.

Winterwowd, W. R.: *Rhetoric*. A Synthesis. New York 1968.

Wolter, Kurt: *Die überzeugende Rede*: *mehr Erfolg durch bessere Rhetorik*. Niedernhausen (Ts.) 1983.

Wörterbuch der französischen Revolutionssprache. Paris 1799.

Zachariä, Karl Salomo: *Anleitung zur gerichtlichen Beredsamkeit*. Heidelberg 1810.

Danksagung

Für die redaktionelle Einrichtung des Manuskripts, die Zusammenstellung des Literaturverzeichnisses und des Registers danke ich meinen Mitarbeiterinnen am Seminar für Allgemeine Rhetorik: Korinna Bauer, Sandra Fröhlich und Annika Goeze.

Personenregister

Sachregister

C.H.BECK WISSEN

in der Beck'schen Reihe

Zuletzt erschienen:

2021: Faroqhi, **Geschichte des Osmanischen Reiches**
2028: Reinhardt, **Die Medici**
2046: Schön, **Bakterien**
2073: Clauss, **Das alte Israel**
2074: Funke, **Athen in klassischer Zeit**
2084: Eck, **Augustus und seine Zeit**
2085: Lilie, **Byzanz**
2093: Gypser, **Homöopathie**
2094: Zankl, **Genetik**
2095: Simon, **Asthma**
2096: Schlich, **Transplantation**
2097: Münkler, **Marco Polo**
2098: Strian, **Das Herz**
2099: Dohmen, **Die Bibel und ihre Auslegung**
2100: Bredenkamp, **Lernen, Erinnern, Vergessen**
2101: Demandt, **Die Kelten**
2102: Hoffmann, **Stauffenberg und der 20. Juli 1944**
2103: Blickle, **Der Bauernkrieg**
2104: Herrmann, **Antimaterie**
2105: Malitz, **Nero**
2106: Kloft, **Mysterienkulte der Antike**
2107: Wiesehöfer, **Das frühe Persien**
2109: Bobzin, **Der Koran**
2110: Meissner, **Geschichte der Erde**
2111: Bernecker, **Spanische Geschichte**
2112: Pfahl-Traughber, **Rechtsextremismus in der Bundesrepublik**
2113: Stehr/Storch, **Klima, Wetter, Mensch**
2114: Wahrburg/Assmann, **Cholesterin**
2116: Vorländer, **Die Verfassung**
2117: Mertens, **Traum und Traumdeutung**
2118: Reinhardt, **Geschichte Italiens**
2119: Wirsching, **Psychotherapie**
2120: Becher, **Karl der Große**
2121: Linke, **Das Gehirn**
2122: Walther/Walther, **Was ist Licht?**
2123: Ring/Zumbusch, **Neurodermitis**
2124: Hartmann, **Geschichte Frankreichs**
2125: Augustin/Schöpf, **Psoriasis**
2126: Schmidt-Glintzer, **Das neue China**
2128: Röhrich, **Die politischen Systeme der Welt**
2129: Schimmel, **Sufismus**
2130: Schorn-Schütte, **Karl V.**
2131: Hammel-Kiesow, **Die Hanse**
2132: Manthe, **Geschichte des römischen Rechts**
2133: Reinalter, **Die Freimaurer**
2134: Ueding, **Moderne Rhetorik**
2135: Krauss, **Die Engel**
2136: Wolters, **Die Römer in Germanien**
2137: Sautter, **Geschichte Kanadas**
2201: Flothuis, **Mozarts Klavierkonzerte**
2202: Schmidt, **Brahms Symphonien**
2203: Feder, **Haydns Streichquartette**
2204: Flothuis, **Mozarts Streichquartette**
2205: Scholz, **Bachs Passionen**